Español Nivel 100

Materiales Suplementarios
University of Washington
Spanish and Portuguese Studies Division

The McGraw-Hill Companies, Inc.
Primis Custom Publishing

New York St. Louis San Francisco Auckland Bogotá
Caracas Lisbon London Madrid Mexico Milan Montreal
New Delhi Paris San Juan Singapore Sydney Tokyo Toronto

McGraw·Hill

A Division of The McGraw·Hill Companies

Español Nivel 100

McGraw-Hill's Primis Custom Publishing consists of products that are produced from camera-ready copy. Peer review, class testing, and accuracy are primarily the responsibility of the author(s).

1 2 3 4 5 6 7 8 9 0 BBC BBC 9 0 9 8

ISBN 0-07-228266-5

Editor: Todd Bull
Cover Drawings: Euclides Aparicio
Cover Design: Mary Bio
Printer/Binder: Braceland Brothers, Inc.

Table of Contents

Información general y materiales suplementarios............................3

Español 101 – 110...**19**

Student Biographical Information..21
Lección 1...23
Lección 2...27
Lección 3...28
Lección 4...31
Lección 5...38
Lección 6...45
Videos..47
Repasos...55
Self-evaluation Sheets..59

Español 102 – 110...**81**

Student Biographical Information..83
Lección 7...85
Lección 8...86
Lección 9...88
Lección 10..93
Lección 11..95
Lección 12...100
Repasos..103
Self-evaluation Sheets...117

Español 103..**139**

Student Biographical Information...141
Lección 13...143
Lección 14...147
Lección 16...151
Lección 17...153
Lección 18...167
Videos...169
Repasos..177
Self-evaluation Sheets...191

Composiciones..**213**

Transitional Words to Aid in Compositions...............................215
Composición Unidad 2..217
Composición 110 Unidades 1 y 2..221

Composición Unidad 3...223
Composición Unidad 4...229
Composición 110 Unidades 3 y 4..233
Composición Unidad 5...235
Composición Unidad 6...239
Revising and Grading Compositions...245

Películas...**275**

Película 101..277
Película 102..281
Película 103..285

Español Nivel 100

Materiales Suplementarios

These materials have been created by
the Teaching Assistants and Instructors
of the Spanish and Portuguese Studies Division
at the University of Washington.

Información General Materiales de Referencia

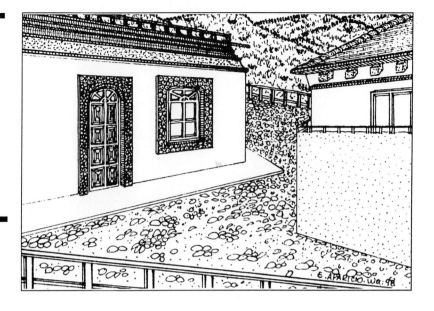

UNIVERSITY OF WASHINGTON
Department of Romance Languages and Literature
Grade Conversion Table

Percent	Grade Point	Letter
100-99	4.0	
98	3.9	
97	3.9	A
96-95	3.8	
94-93	3.7	
92-91	3.6	
90	3.5	
---89	3.4	
88	3.3	
87	3.2	
86	3.1	
85	3.0	B
84	2.9	
83	2.8	
82	2.7	
81	2.6	
80	2.5	
--- 79	2.4	
78	2.3	
77	2.2	
76	2.1	
75	2.0	
74	1.9	C
73	1.8	
72	1.7	
71	1.6	
70	1.5	
--- 69	1.4	
68	1.3	
67	1.2	
66	1.1	
65	1.0	D
64	0.9	
63	0.8	
62	0.8	
61	0.7	
60	0.7	

STUDY SKILLS FOR LEARNING A FOREIGN LANGUAGE
HOW DO YOUR STUDY HABITS COMPARE TO THOSE OF THE STUDENTS IN THIS SURVEY? (1)

Answers of "A" Students   **Answers of "C/D" Students**

1. *Your assignment is to learn a list of thirty vocabulary items taken from a reading selection which you have recently completed.*

* Make up a sentence with each word.
* Put cue next to each word on list.
* Say words out loud while memorizing.
* Tape words and listen to cassette.
* Sing words out loud.
* Write word on one side of paper, definition or synonym on other.
* Use new words as much as possible.

* Memorize.
* Write out and memorize.
* Put on index cards.
* Study until learned.
* Repeat many times mechanically.
* Write and memorize.
* List according to parts of speech.

2. *Your assignment is to learn a new tense. The tense has been explained in class. You are given a list of regular verbs.*

* Look over reading and try to find examples of new tense.
* Try and practice new tense while speaking.
* Write, say and use it in examples.
* Look for similar endings already known.
* Make up own exercise to practice new tense.
* Learn and make up examples (sentences).

* Study until understood.
* Repeat and write out.
* Go over rules until memorized.
* Repeat many times.
* Try to understand the English counterpart.
* Go over rules and class notes.

3. *Your assignment is to answer a series of questions after a reading selection. This selection has not been read in class.*

* First answer easy questions, then re-read and answer the rest.
* Skim the reading and look up answers.
* Look for "key" words in questions and find them in answers.
* Look for words in questions which give clues to answers.
* Answer each question mentally, then write out.
* Answer as much as possible, then re-read selection for remaining questions.

* Read questions, use dictionary to look up words.
* Translate selection, translate questions.
* Translate questions and flip back to reading.
* Use dictionary and grammar book.
* Keep going back to selection for answers.
* Look up all unfamiliar words, then answer questions.

4. *What strategies or techniques have helped you most when studying a foreign language? What strategy, if any, do you use when studying a foreign language which you might not use when studying another subject?*

* I speak to myself while walking or jogging.
* I give myself little tests.
* I write down key points of each chapter.
* I speak to friends or natives when I get the chance.
* I use association (mental pictures).
* I make lists and study sheets and try to remember by rhyming and association.
* I try to answer all questions mentally in class.
* I use mnemonic devices to remember.

* I study with someone.
* I jot down information on index cards.
* I write new information over and over.
* I translate everything into English.
* I use the Appendix in the book.
* I look over my notes regularly.
* I make up lists and read them aloud.

---

(1) From Mary Ann Reiss, "Helping the Unsuccessful Language Learner", "Forum", 21,No.2 (1983),7

Accents And Other Special Characters Needed To Type In Spanish

Here are the codes for accents and punctuation marks in most wordprocessing programs:

PC: Use the number pad, make sure the NUM LOCK is on. Hold down the ALT key while you type the appropriate number.

Character	On number pad
á	0225
é	0233
í	0237
ó	0243
ú	0250
Á	0193
É	0201
Í	0205
Ó	0211
Ú	0218
ñ	0241
Ñ	0209
¿	0191
¡	0161

MAC: For accents, hold down the ALT key and press "e", then press the letter you want to have an accent.

For ñ, hold down the ALT key and press "n", then press "n" again.
For ¿, hold down ALT and SHIFT and press "?"
For ¡, hold down ALT and press !

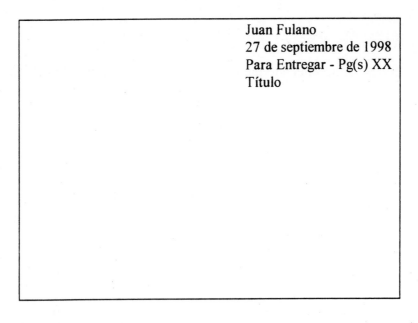

Juan Fulano
27 de septiembre de 1998
Para Entregar - Pg(s) XX
Título

◆◆◆◆◆◆◆◆◆◆◆◆◆◆◆◆◆◆

- Homework need **not** be typed, but must be done on your own paper, not done in the workbook.
- Name, date, page number **and** title must be included in the upper right-hand corner as shown above or **no credit will be given.**
- Always double space.
- Late homework **WILL NOT** be accepted. Homework will always be due at the beginning of the following class period unless otherwise announced.

LOS NÚMEROS

1	uno	16	dieciséis	40	cuarenta
2	dos	17	diecisiete	50	cincuenta
3	tres	18	dieciocho	60	sesenta
4	cuatro	19	diecinueve	70	setenta
5	cinco	20	veinte	80	ochenta
6	seis	21	veintiuno	90	noventa
7	siete	22	veintidós	100	cien
8	ocho	23	veintitrés	200	doscientos
9	nueve	24	veinticuatro	300	trescientos
10	diez	25	veinticinco	400	cuatrocientos
11	once	26	veintiséis	500	quinientos
12	doce	27	veintisiete	600	seiscientos
13	trece	28	veintiocho	700	setecientos
14	catorce	29	veintinueve	800	ochocientos
15	quince	30	treinta	900	novecientos
				1000	mil

LOS DÍAS DE LA SEMANA

lunes

martes

miércoles

jueves

viernes

sábado

domingo

el fin de semana

¿Qué día es hoy?

¿Cuándo es tu cumpleaños?

¿Qué haces los fines de semana?

¿Cuál es tu estación favorita?

LOS MESES		LAS ESTACIONES DEL AÑO
enero	julio	el invierno
febrero	agosto	la primavera
marzo	setiembre / septiembre	el verano
abril	octubre	el otoño
mayo	noviembre	
junio	diciembre	

GUÍA DE PRONUNCIACIÓN

LETRA			SONIDO	EJEMPLOS
C	+	a, o, u	[K]	casa, cosa, Cuba
C	+	e, i	[S] (Spain:[θ])	centavo, cinco
G	+	a, o, u	[G]	gasto, goma, gusto
GU	+	e, i	[G]	guerra, guitarra
G	+	e, i	[H]	gente, gitano
J			[H]	jarra, ajedrez, ají, joroba, justo
LL			[Y]	llave, lluvia, allá
Ñ			[Ny]	año, niño, ñusta
QU			[K]	qué, quién, aquí
V			[B]	vaca, ver, visión
Z			[S] (Spain:[θ])	zorro, zona, azul

EJERCICIO: Escribe la palabra que tu profesor(a) dice.

1. _____   11. _____

2. _____   12. _____

3. _____   13. _____

4. _____   14. _____

5. _____   15. _____

6. _____   16. _____

7. _____   17. _____

8. _____   18. _____

9. _____   19. _____

10. _____   20. _____

SÍLABAS, ÉNFASIS Y ACENTOS

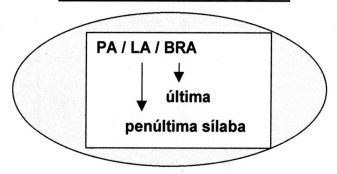

EJERCICIO: Divide las siguientes palabras en sílabas.

alumno   ___-___-___   pizarra   ___-___-___   doctor   ___-___

hombre   ___-___   verdad   ___-___   mujeres   ___-___-___

presidente ___-___-___-___   comen   ___-___   señor   ___-___

señorita   ___-___-___-___   reloj   ___-___   papel   ___-___

silla   ___-___   bicicleta   ___-___-___-___   alfabeto   ___-___-___-___

EL ACENTO ESCRITO

1.   Si una palabra termina en *vocal*, *n* o *s* el énfasis natural está en la **penúltima sílaba**:

         lec-**tu**-ra   **sa**-len   in-**cen**-dio   pa-**re**-ces

2.   Si una palabra termina en *consonante* (<u>excepto *n* o *s*</u>), el énfasis natural está en la **última sílaba**:

         pro-fe-**sor**   es-pa-**ñol**   pa-**red**   re-**loj**

3.   Las palabras que no se pronuncian de acuerdo con estas reglas llevan un **acento escrito**:

         pá-ja-ro   **cuén**-ta-me-lo   sal-**món**   pa-**pá**

4.   Las palabras de *una sola sílaba* (excepto las de No. 5 y No. 6 abajo) **no** llevan **un acento escrito**:

         paz   vais   bien   los   rey   Dios

5.   Todas las *palabras interrogativas y exclamativas* llevan **un acento escrito**:

         ¿A quién ves?   ¿Cómo están?   ¡Qué hermoso!

11

6. El **acento escrito** se usa también *para diferenciar palabras* con distintos significados o funciones que se pronuncian igual:

el libro ↰ (artículo)	**el**		**él**	**él** es bueno ↰ (pronombre)
tu libro ↰ (adjetivo)	**tu**		**tú**	**tú** eres simpático ↰ (pronombre)
mi libro ↰ (adjetivo)	**mi**	**versus**	**mí**	para **mí** ↱ (pronombre)
este libro ↰ (adjetivo)	**este**		**éste**	**éste** ↰ (pronombre)
si ↰ (condicional)	**si**		**sí**	**sí** ↱ (afirmación)
te quiero ↰ (pronombre)	**te**		**té**	quiero **té** ↱ (sustantivo)

EJERCICIO: Escribe un acento si es necesario.

pared	__-__	esta mesa	__-__ __-__	escriben	__-__-__
sabado	__-__-__	esta	__-__	interes	__-__-__
platano	__-__-__	pasteles	__-__-__	portatiles	__-__-__-__
fabrica	__-__-__	reloj	__-__		__
tarde	__-__	amor	__-__	correr	__-__
cafe	__-__	vengo	__-__	caminar	__-__-__

el **pan** fresco	**esas** ideas
el **sol** de mediodía	quiero **esas**
el técnico trabaja **bien**	**Si** voy, no regreso.
no hablo de **el**	**Si**, voy.
te quiero mucho	Es de **mi** hermana.
quiero **te**	Habla de **mi**.
la niña **que** conoces	la casa **donde** vivo
	¿**Donde** vives?

12

REGLA # 1

Si una palabra termina con

_____, _____ o _____,

el énfasis *natural* está en la

_____ sílaba

REGLA # 2

Si una palabra termina con

_____,

excepto _____ o _____,

el énfasis *natural* está en la

_____ sílaba

REGLA # 3

Si

el énfasis natural ≠ el énfasis real

se usa

_____

EJERCICIO: Divide las siguientes palabras en sílabas y marca los acentos necesarios.

lapiz	___-___	telefono	___-___-___-___
lampara	___-___-___	¿que es facil?	___ ___ ___-___
plastico	___-___-___	articulo	___-___-___-___
especifico	___-___-___-___-___	frances	___-___
Lopez	___-___	opera	___-___-___
parentesis	___-___-___-___	ingles	___-___
Si, es Angel	___ ___ ___-___	publico	___-___-___
¿cuanto es esto?	___-___ ___ ___-___	si tu quieres	___ ___ ___-___
el joven	___ ___-___	es mi bebe	___ ___ ___-___

EXCEPCIÓN # 1
Palabras de
_____ y _____
siempre llevan un acento
escrito.

EXCEPCIÓN # 2
Ciertas palabras con una
sola sílaba llevan un acento
escrito para

_____

13

DIPTONGOS E HIATOS

Vocales fuertes: a, e, o   Vocales débiles: i, u

DIPTONGO:

1.   **Dos vocales débiles** forman *una sola sílaba.*

        ci**u**-dad

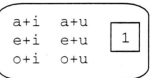

2.   Una **vocal fuerte** y una **vocal débil sin acento** forman *una sola sílaba.*

              s**ei**s   ra-d**io**

HIATO:

1.   **Dos vocales fuertes** forman *dos sílabas.*

              p**o-e**-ta

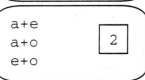

2.   Una **vocal fuerte** y una **vocal débil con acento** forman *dos sílabas.*

              Ma-r**í-a**   pa-**í**s

ACENTO

En combinación con una vocal fuerte, **la vocal débil requiere un acento** *si lleva el énfasis de la palabra.*

Ma-r**í**-a   ba-**ú**l   pa-**í**s   d**í**-a

EJERCICIO: Indica si hay un diptongo (D) o un hiato (H) y escribe un acento si es necesario.

mercancia	__-__-__	H	gimnasia	__-__-__	
paises	__-__-__		television	__-__-__-__	
prision	__-__		campeon	__-__-__	
adios	__-__		zoologia	__-__-__-__-__	
Raul	__-__		maestro	__-__-__	
aire	__-__		fuerte	__-__	
frio	__-__		causa	__-__	

14

Usos del artículo

Artículo definido		Artículo indefinido	
el libro	**la** historia	**un** libro	**una** historia
los libros	**las** historias	**unos** libros	**unas** historias

(1)   El artículo (definido o indefinido) **es obligatorio** para el *sujeto* de la oración.

Los *elefantes* son animales simpáticos.
Me gustan *las* *novelas* románticas.
Una *estudiante* ganó el premio.

(2)   El artículo (definido o indefinido) **NO es necesario** con *nombres no contables* o *con nombres contables en posición de objeto*.

Objetos no contables	*Objetos contables en posición de objeto*
Bebo *vino*.	Veo *películas* españolas.
Quiero tomar *agua*.	Compro *libros*.

(3)   El **artículo definido** se usa para indicar *algo específico*.

artículo definido + *algo específico*	**versus**	*No* artículo + *algo no específico* *No* artículo + *algo no contable*
Bebo **el** *vino de mi país*.		Bebo *vino* con la comida.
Escucho **la** *música de Bach*.	**versus**	Escucho *música* con frecuencia.
Veo **las** *películas de Fellini* frecuentemente.		Veo *películas* los viernes.

(4)   El **artículo indefinido** es obligatorio con *nombres contables en singular* que indican algo *NO específico*.

Vi **una** *película* con mi novio el sábado pasado.
Compré **un** *libro* ayer.

(5)   El verbo "*HAY*" se puede usar **sin artículo** o con un **artículo indefinido**. El verbo "*hay*" NO acepta el artículo definido.

Hay vino en la casa   *Hay* **unos** niños en la calle.

¿Artículos?

1. A mí me gustan _____ animales.

2. Mi amiga Leonor siempre usa _____ ropa de su mamá.

3. Hay _____ persona en tu oficina.

4. _____ perro es el mejor amigo del hombre.

5. Yo soy _____ profesora de esta clase.

6. Pedro es _____ profesor.

7. _____ dinosaurios están extintos.

8. Este es _____ libro de Pedro.

9. Necesito comprar _____ vino tinto.

10. A mí me gustan _____ chocolates.

EJERCICIO: Escribe un párrafo sobre tus gustos.

- ¿Qué te gusta comer? ¿Tienes preferencia por alguna marca?
- ¿Qué te gusta leer? ¿Hay algún género que prefieres? ¿Cuál es tu libro favorito?
- ¿Qué te gusta ver en la televisión? ¿Sueles ver tele todos los días?
- ¿Qué te gusta estudiar? ¿Hay alguna actividad asociada con tus estudios que te gusta más que todo lo demás?

_____
_____
_____
_____
_____
_____
_____
_____
_____

POR	PARA
1. Duration: ("for") *Acampamos allí **por** cinco días.*	1. Purpose ("in order to": **para** + infinitive) *Estudio **para** sacar buenas notas.*
2. "through," "along": *Paseamos **por** el parque.*	2. Intended recipient: *Este regalo es **para** ti.*
3. "because of": *No fuimos al partido **por** la lluvia.*	3. Destination: *El tren sale **para** Madrid a las 3:00.*
4. "per": *No hago ejercicio tres veces **por** semana.*	4. Use: *Esta crema es **para** la piel.*
6. Idiomatic expressions: ***por** la mañana (la tarde, la noche)* ***por** teléfono* ***por** favor* ***por** fin (at last, finally)* ***por** supuesto (of course)*	5. Deadline: *La tarea es **para** mañana.*

SER, ESTAR y HABER

I. SER

A. S + <u>ser</u> + S
(sujeto)

1. Identificación y definición
   - ☐ ¿Qué es esto? Es un libro
   - ☐ ¿Quién es el gobernador de Washington?
   - ☐ ¿Qué día es hoy? Hoy es martes.
   - ☐ ¿Cuál es su número de teléfono?
   - ☐ ¿Cuántos son dos y dos?
   - ☐ ¿Qué hora es? Son las cinco.

2. Profesión
   - ☐ ¿Qué es Juan? Juan es mecánico.
   - ☐ ¿Quién es médico? Paco es médico.

B. S + <u>ser</u> + ADJ
(sujeto)

1. Característica inherente o general
   - ☐ ¿Cómo es Ana? Ana es alta y simpática.
   - ☐ ¿Cómo es tu casa? Mi casa es grande y bonita.

2. Color
   - ☐ ¿De qué color es la chaqueta? La chaqueta es gris.
   - ☐ ¿Cómo es el suéter? El suéter es amarillo.

3. Religión
   - ☐ ¿De qué religión es Woody Allen? Woody Allen es judío.
   - ☐ ¿Qué es Ronald Reagan? Ronald Reagan es protestante.

4. Nacionalidad
   - ☐ ¿De qué nacionalidad es Fidel Castro? Castro es cubano.

C. S + <u>ser</u> + PREP

1. P = <u>de</u>
   a. Posesión
      - ☐ ¿De quién es esta bolsa? Esa bolsa es de Irene.
   b. Origen
      - ☐ ¿De qué país es Carlos Fuentes? Carlos Fuentes es de México.
   c. Composición material
      - ☐ ¿De qué son las sillas? Las sillas son de madera.

2. P ≠ <u>de</u>
   Localización de un evento
      - ☐ ¿Dónde es el examen final? El examen final es en Loew.

II. ESTAR

A. S + <u>estar</u> + PREP
(sujeto definido)

Localización de una persona o cosa
   - ☐ ¿Dónde está el banco? El banco está al lado del teatro.
   - ☐ ¿Dónde está mi libro? Mi libro está encima de la mesa.

B. S + <u>estar</u> + ADJ
(sujeto definido)

1. Condición física o mental.
   - ☐ ¿Cómo está Elena? Elena está cansada porque está enferma.
   - ☐ ¿Cómo está José? José está nervioso/bien

2. Resultado de una acción
   - ☐ ¿Cómo están las ventanas? Las ventanas están abiertas.

III. HABER (HAY) =existencia
(no hay sujeto)

   - Hay + artículo indefinido + S (sing)
     - ☐ ¿Qué hay en la caja? Hay <u>una</u> pluma.
   - Hay + φ + S (sing)
     - ☐ ¿Qué hay en el escritorio? Hay φ papel en el escritorio.
   - Hay + φ + S (pl)
     - ☐ ¿Qué hay en la pizarra? Hay φ frases en la pizarra.
   - Hay + cuantificante + S
     - ☐ ¿Qué hay en la clase de español? Hay <u>muchos/pocos</u> pupitres y dos/bastantes sillas.

Español
101-110

First Year Spanish
STUDENT BIOGRAPHICAL INFORMATION
(Please fill out this sheet and give it to your instructor)

Instructor's name:_____ Level: ☐101 ☐102 ☐103
☐110 ☐121 ☐122
☐123

Final Course Grade (to be filled in by instructor at end of quarter):_____

Name:_____ Quarter:_____

Major:_____ Phone#:_____ email:_____

Do you belong to a Special Program? ☐ Yes ☐ No   Which one? EOP _____
Athletics_____
ROTC _____

When/where have you taken Spanish?
<u>101</u>   <u>102</u>   <u>Other</u>

Quarter/Year:_____

Instructor: _____

Place: _____

% taught in Spanish:_____

What textbooks have you used?:_____

How many years of foreign language did you study in high school?:_____

What language(s)?:_____

Is a language required for you major? How much?

Should languages be a requirement for graduation? Why or why not?

Do you speak, read or write other languages (other than the one(s) mentioned above)?
What is your level? Where did you learn it/them?

Why are you taking Spanish?

What aspects or issues related to Spanish-speaking countries interest you? (Be specific: politics of Central America, ecology of rain forests in South America, etc.).

What aspects of learning a language do you particularly enjoy?

What is the most difficult part of learning a language in you opinion?

Please tell us a little about yourself (i.e. interests, hobbies, family, travels, etc.)

Complete las siguientes frases con información sobre sus compañeros de clase.
Las líneas marcadas con "N" son para escribir el nombre.

1. (N) _____ se levanta antes de las 8:00 normalmente.

   Se levanta a las _____.

2. (N) _____ hace ejercicio todos los días.

3. (N) _____ trabaja en la universidad.

   Trabaja en el departamento de _____.

4. (N) _____ cena en un restaurante frecuentemente.

5. (N) _____ juega un deporte regularmente.

   Juega _____.

6. (N) _____ suele salir de la universidad después de
   las cinco de la tarde.

7. (N) _____ se acuesta antes de la una de la
   madrugada los sábados.

8. (N) _____ estudia en la biblioteca los sábados o
   los domingos.

9. (N) _____ come pizza de anchoas.

   Su pizzería favorita es _____.

10. (N) _____ toca un instrumento musical.

    Toca _____.

Uso del verbo *soler*: Entrevista

Paso 1

Hazle las siguientes preguntas a un compañero para averiguar información sobre su rutina:

1. ¿Qué sueles desayunar los días laborales?

    _____

2. ¿A qué hora sueles levantarte los lunes?

    _____

3. ¿Con quién sueles ir al cine?

    _____

4. ¿Cuándo sueles estudiar mejor, por la mañana o por la noche?

    _____

5. ¿Dónde sueles pasar las vacaciones de verano?

    _____

6. ¿Cómo sueles vestirte los fines de semana?

    _____

Paso 2

Conecta las respuestas de tu compañero en un párrafo para compartir con la clase la información que obtuviste. ¡Ojo! Debes usar la forma de él/ella de los verbos.

_____

_____

_____

_____

_____

Bingo humano

escribir poesía	trabajar fuera de la universidad	desayunar tocino, huevos y leche	levantarse tarde y cansado
despertarse (me despierto/ te despiertas) temprano y de mal humor	escuchar música alternativa	hacer (hago/ haces) ejercicios en el IMA	acostarse (me acuesto/ te acuestas) con la mascota
leer novelas románticas	salir (salgo/ sales) con los amigos los sábados por la noche	ir (voy / vas) regularmente al cine	jugar (juego /juegas) golf/tenis etc. los fines de semana.

Bingo humano

suele salir los sábados con los amigos	tiene que estudiar hasta la madrugada los días de semana	prefiere beber vodka a beber leche
puede tocarse la nariz con la lengua	necesita estudiar más y salir menos	quiere salir más y estudiar menos
debe levantarse a las 7 a.m. todos los días	puede levantarse tarde todos los días	suele desayunar con sus gatos
puede conversar mucho en clase	suele dormir en la clase de español	quiere dormir en la clase de español

¡Firma aquí!

Encuentra a dos personas que hagan las siguientes actividades:

1.   Sacan vídeos y se quedan en casa para mirarlos.

   _____

   _____

2.   Van al cine los fines de semana.

   _____

   _____

3.   Lavan la ropa los domingos.

   _____

   _____

4.   Van de compras los sábados.

   _____

   _____

5.   Leen libros por la noche.

   _____

   _____

6.   Pasan mucho tiempo en la biblioteca.

   _____

   _____

7.   Practican algún deporte.

   _____

   _____

Resumen de las formas del pretérito

TERMINACIONES REGULARES del pretérito

-ar	
-é	-amos
-aste	-asteis
-ó	-aron

-er / -ir	
-í	-imos
-iste	-isteis
-ió	-ieron

trabajar	

comer	

vivir	

CONJUGACIONES IRREGULARES del pretérito

1.   VERBOS *DAR, SER, IR*

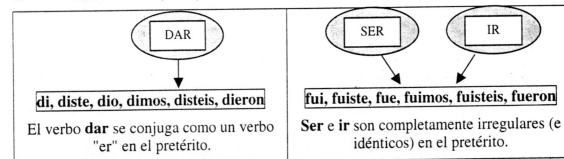

DAR
di, diste, dio, dimos, disteis, dieron

El verbo **dar** se conjuga como un verbo "er" en el pretérito.

SER   IR
fui, fuiste, fue, fuimos, fuisteis, fueron

Ser e **ir** son completamente irregulares (e idénticos) en el pretérito.

2.   CAMBIOS ORTOGRÁFICOS

Si el verbo termina en **-car, -gar,** o **-zar,** la forma de la **primera persona singular** (*yo*) es **-qué, -gué** y **-cé,** respectivamente. Las demás formas son regulares.

sacar	>> sa**qué**, sacaste, sacó…
jugar	>> ju**gué**, jugaste, jugó…
comenzar	>> comen**cé**, comenzaste, comenzó…

⇒ pagar   >> yo _____, tú _____

⇒ empezar >> yo _____, nosotros _____

⇒ tocar   >> yo _____, Uds. _____

Si la raíz del verbo termina en vocal, las terminaciones de la **tercera persona singular y plural** (*él, ellos)* son **-yó** y **-yeron**, respectivamente.

ca/er >>	cayó, cayeron	le/er	>>	leyó, leyeron
cre/er >>	creyó, creyeron	constru/ir	>>	construyó, construyeron

⇒   destru/ir   >> él _____, ellos _____

⇒   o/ír   >> ella _____, ellas _____

3. EL PRETÉRITO DE VERBOS QUE SON "ZAPATO" EN EL PRESENTE

Los verbos **-ar** y **-er** que son "zapato" en el presente **son regulares en el pretérito.**

Los verbos **-ir** que son "zapato" en el presente **son irregulares en el pretérito.** En el pretérito, estos verbos tienen un cambio de raíz **e >> i , o >> u** en las formas de <u>la tercera persona singular y plural (él, ellos)</u> solamente.

Presente: mentir e>>ie	
m*i*ento	mentimos
m*i*entes	mentís
m*i*ente	**m*i*enten**

⇒ ⇒ ⇒

Pretérito: mentir e>>i	
mentí	mentimos
mentiste	mentisteis
m*i*ntió	**m*i*ntieron**

Presente: pedir e>>i	
p*i*do	pedimos
p*i*des	pedís
p*i*de	**p*i*den**

⇒ ⇒ ⇒

Pretérito: pedir e>>i	
pedí	pedimos
pediste	pedisteis
p*i*dió	**p*i*dieron**

Presente: dormir o>>ue	
d*u*ermo	dormimos
d*u*ermes	dormís
d*u*erme	**d*u*ermen**

⇒ ⇒ ⇒

Pretérito: dormir o>>u	
dormí	dormimos
dormiste	dormisteis
d*u*rmió	**d*u*rmieron**

> **¡Ojo!** El cambio <u>**e >> i , o >> u**</u> afecta solamente a los verbos **-ir** en la **tercera persona singular y plural.**

⇒ sentir >> él _____, ellos _____

⇒ servir >> él _____, ellos _____

⇒ morir >> él _____, ellos _____

⇒ preferir >> él _____, ellos _____

pero:

⇒ recordar >> él _____, ellos _____

⇒ volver >> él _____, ellos _____

4. VERBOS CON RAÍCES IRREGULARES Y TERMINACIONES IRREGULARES

TERMINACIONES para los siguientes verbos irregulares

¿Acentos?

¡No!

-ar / -er / -ir	
-e	-imos
-iste	-isteis
-o	-ieron

VERBOS CON RAÍCES IRREGULARES en el pretérito

Infinitivo	Presente ("-go")**	Pretérito la raíz	Pretérito la conjugación
poner	pongo	pus-	puse, pusiste, puso, pusimos, pusisteis, pusieron
tener	tengo	Tuv-	tuve, tuviste, tuvo, tuvimos, tuvisteis, tuvieron
venir	vengo	vin-	vine, viniste, vino, vinimos, vinisteis, vinieron
traer	traigo	Traj-	traje, trajiste, trajo, trajimos, trajisteis, **trajeron***
decir	digo	dij-	dije, dijiste, dijo, dijimos, dijisteis, **dijeron***
hacer	hago	hic- (hiz-)	hice, hiciste, hizo, hicimos, hicisteis, hicieron

Infinitivo	Presente ¿especial?	Pretérito la raíz	Pretérito la conjugación
querer	quiero	quis-	quise, quisiste, quiso, quisimos, quisisteis, quisieron
saber	sé	sup-	supe, supiste, supo, supimos, supisteis, supieron
poder	puedo	pud-	pude, pudiste, pudo, pudimos, pudisteis, pudieron
estar	estoy	estuv-	estuve, estuviste, estuvo, estuvimos, estuvisteis, estuvieron
haber	hay	hub-	hubo (impersonal)
andar	ando	anduv-	anduve, anduviste, anduvo, anduvimos, anduvisteis, anduvieron
conducir	conduzco	conduj-	conduje, condujiste, condujo, condujimos, condujisteis, **condujeron***

** salir (salgo) no es irregular en el pretérito

˙ Si la raíz irregular del pretérito termina en "-j", la terminación es especial para la tercera persona plural:

Decir	di*j*-	ellos di*j*eron
Traer	tra*j*-	ellos tra*j*eron
Conducir	condu*j*-	ellos condu*j*eron

La familia

I. Get together in a group and form a 'family' (padres, hijos, hermanos, etc. ¡NO incluyan mascotas!)

II. After your instructor's explanation of how names work in Spanish-speaking countries, choose an Hispanic last name for the family and figure out each of your names in this family (all Hispanic names!)

III. Draw your (new) family tree in the box below:

IV.   Can you answer the following questions about your (new) family?

        ¿Dónde viven?
        ¿Cómo se llaman los padres de esta familia?
        ¿Cuántos años tienen?
        ¿Qué hacen?
        ¿Cuántos hijos tienen?
        ¿Quién es el hermano mayor?
        ¿Quiénes son los hermanos menores?
        ¿Cuándo se reúnen y con qué frecuencia?
        ¿Es una familia feliz? ¿Por qué?

V.   Write a paragraph about these newfound relatives with the answers you gave in section IV.

_____

_____

_____

_____

_____

_____

_____

_____

_____

_____

_____

VI.   Write your (real) names and hand in to your teacher_____

_____

¡Firma aquí!

Encuentra a dos personas que ...

1.   tienen un/a cuñado/a.

    _____

    _____

2.   tienen vivos a todos sus abuelos.

    _____

    _____

3.   tienen un tío/a soltero/a.

    _____

    _____

4.   tienen más de dos sobrinos/as.

    _____

    _____

5.   tienen más de veinte personas en su familia extendida.

    _____

    _____

6.   tienen una persona divorciada en su familia.

    _____

    _____

7.   tienen primos u otros parientes que no conocen.

    _____

    _____

Saber y conocer

CONOCER	SABER
PERSONAS	PERSONAS
María *conoce* a Pedro.	---NO---
LUGARES	LUGARES
Andrea *conoce* Bolivia.	---NO---
COSAS : **familiaridad**	**COSAS** : **conocimiento exacto**
Juan *conoce* ese poema.	Juan *sabe* ese poema de memoria.
INFINITIVOS	**INFINITIVOS**
---NO---	Juan *sabe* nadar.
ORACIONES CON *QUE*	**ORACIONES CON *QUE***
---NO---	Juan *sabe* que María está enferma.
PREGUNTAS INDIRECTAS	**PREGUNTAS INDIRECTAS**
---NO---	María quiere *saber* dónde está la salida. No *sé* quién vive aquí. Ella no *sabe* cuándo es la fiesta.

Saber y conocer

Responde las preguntas poniendo especial atención al uso de los verbos *SABER* y *CONOCER*. Identifica la categoría que se aplica:

> **personas, lugares, cosas familiares, cosas de conocimiento exacto, infinitivos, oraciones con *que*, preguntas indirectas**

1. ¿A qué personas importantes quieres *conocer*?

    Quiero conocer a _____   *personas*

2. ¿Qué ciudades *conoces*?

    Conozco _____

3. ¿Qué otros países *conoces*?

    Conozco _____

4. ¿Qué canciones de niños *conoces*?

    Conozco _____

5. ¿De estas canciones, cuáles *sabes* de memoria?

    Sé _____.

6. ¿Escribe los primeros versos de un poema que *sabes* de memoria.

    _____

    _____

    _____

7. ¿Qué cosas *sabes* sobre tu profesor/a de español?

    Sé que _____

    _____.

8. ¿Qué cosas NO *sabes* de tu profesor/a de español?

    No sé si _____.

    No sé dónde _____.

¿Te conocen bien? Los pronombres de objeto directo

Sujeto	**Objeto directo**
1. Performs the action (who or what does the action)	1. Receives the action (On whom or on what the action is being done.)

My family loves me.
Subject: my family
Object: me (pronoun)

I love my family.
Subject: I (pronoun)
Object: my family

(Word order is important!)

En español:

Mi familia me quiere.
Subject: mi familia
Object: me (pronoun)

(Yo) quiero a mi familia.
Subject: Yo (pronoun)
Object: **a** mi familia

2. Subject nouns are never marked.	2. Object nouns are always preceded by an **A** when they are animate (person, animals) in order to distinguish their function as objects rather than as subjects.

Inés visita **a** su hermana con frecuencia.
Subject: Inés (not marked)
Object: **a** su hermana

Inés mira la televisión.
Subject: Inés
Object: Televisión (not animate; it's not necessary
to mark it because it could never be the subject of a
verb like MIRAR: it has to be the object of the
sentence.)

Direct Object Pronouns

My parents <u>visit</u> **me** frequently. / Mis padres **me** <u>visitan</u> con frecuencia

me (English) / **me** (Spanish) are DIRECT OBJECT PRONOUNS.

Pronombres de Sujeto	**Pronombres de Objeto Directo**
yo (I)	me (me)
tú (you)	te (you)
él/ella (he/she)	lo/la (him/her)
nosotros (we)	nos (us)
vosotros (you pl.)	os (you pl.)
ellos/ellas (they)	los/las (them)

Posición en la oración de los pronombres de objeto en español:

1. Preceden al verbo conjugado: Mis padres **me** <u>visitan</u> con frecuencia.
2. Se unen (*they attach to*) a un infinitivo o un participio en una palabra:

> Mis padres van a visitar**me** en junio.

¡OJO!: El sujeto puede estar "escondido" (*hidden*) en la oración en español (word order is not reliable):

> Mis padres me visitan con frecuencia.
> Me visitan mis padres con frecuencia.
> Con frecuencia me visitan mis padres.

Hints to identify the subject:
-It is never preceded by **a**,
even if it is animate.

-If it is a pronoun, it has to be of the form
yo, tú, él, ella, nosotros, vosotros, ellos, ellas.

-Subjects must always agree with the verb.

Hints to identify the object:
-It has to be preceded by **a** if
it is animate.

-If it is a pronoun, it has to be
of the form *me, te, lo, la, nos,
os, los, las.*

Verbos

All transitive verbs can be made reflexive or reciprocal.

Transitive **MIRAR**	The SUBJECT and OBJECT are different. **I look at Paul.** / Miro a Paul. I do the action and Paul 'receives' it.
Reflexive **MIRAR**	The SUBJECT and OBJECT are the same. **I look at myself** (in the mirror). / Me miro (en el espejo). I do the action and I 'receive' it.
Reciprocal **MIRAR**	The SUBJECT and OBJECT are the same. The reciprocal is ALWAYS plural. **We look at each other.** / Nos miramos (el uno al otro). I look at Paul and Paul looks at me.

Do you know the meaning of the verbs below?
Do you understand the three sentences for each verb?
Can you write sentences with the verbs indicated?

TRANSITIVE	REFLEXIVE	RECIPROCAL
La miro (a ella)	Me miro	Ella y yo nos miramos
Los conoces (a ellos)	Te conoces	Ella y tú se conocen
Nos respeta (a nostros)	Se respeta	Ellos se respetan
detestar		
admirar		
mantener		
comprender		
escuchar		
abrazar		
despedir		
saludar		
ver		

NOTA:
In this lesson, *llevarse bien/ mal* and *parecerse* are used only reflexively or reciprocally.
In its **transitive** form, *llevar* means "to take" or "to carry."
Examples: Nos llevamos bien.   (We get along well).
           Lo llevamos a casa.   (We take him home).

Pronombres

Pronombres de **sujeto**	Pronombres de **objeto directo**	Pronombres **reflexivos o recíprocos**
yo	me	me
tú	te	te
él, ella, usted	lo, la	se
nosotros, nosotras	nos	nos
vosotros, vosotras	os	os
ellos, ellas, ustedes	los, las	se

1. Los **pronombres de sujeto** concuerdan con el verbo. No son necesarios, a menos que el contexto no sea claro, o que se esté haciendo un contraste.

    Yo trabaj*o* todos los viernes. **Tú** estudi*as* los sábados.   **Ellos** visit*an* a sus padres.

2. Los **pronombres de objeto directo** reemplazan al objeto directo. Se usan porque el contexto clarifica a qué se refieren.

    Isabel ve *un libro* intesante. Isabel **lo** compra. Estela llama *a María*. Estela **la** visita.

3. Los **pronombres reflexivos** o **recíprocos** corresponden en su conjugación al sujeto y al verbo.

    Yo **me** baño los sábados. *Tú* **te** llam*as* Raquel.   *Ellos* **se** salud*an* en la calle.

4. La **posición** de **pronombres reflexivos** y de **objeto directo**:

    ⟶ *antes del verbo conjugado:* yo **me** *veo*   yo **lo** *tengo* (el libro)

    ⟶ *añadido a un infinitivo:* yo quiero *ver***me**   yo quiero *tener***lo** (el libro)

¿Qué pronombre corresponde?

1. _____ haces ejercicios aeróbicos.
2. Estos son nuestros vecinos. Mi hermana _____ invitó para la cena hoy.
3. Vosotros no _____ peináis con frecuencia.
4. Pedro no habla con Guillermo porque no _____ conoce.
5. Joaquín no quiere arriesgarse tanto. No _____ conoce a sí mismo.
6. María llamó y dijo que _____ nos vio ayer.
7. Rodolfo siempre baila con Juana. Él _____ quiere mucho.
8. Alexa es egoísta. Sólo _____ quiere a sí misma.
9. Pepe y Andrea _____ casaron ayer.
10. Nosotros _____ saludamos con cariño.
11. _____ te admiras tanto. Crees que eres la mejor estudiante del mundo...
12. La bebé no sabe vestir_____ sola. La mamá _____ viste.
13. Los señores _____ tratan con respeto.
14. ¿Nos llamaste _____?
15. Estas mujeres te miran mucho. ¿Te conocen _____?
16. Esta música es muy bonita. Quiero escuchar_____ todo el día.
17. ¿Queréis venir a mi fiesta? Yo _____ invito.
18. Tienes mucho dinero. ¿Dónde _____ guardas?

Práctica de recíprocos y reflexivos

I.   Selecciona la opción más lógica.

1.   Yo veo a Megan en el campus, cerca del HUB. ¿Qué hacemos Megan y yo?
    a. Nos levantamos.
    b. Nos saludamos.

2.   Alejandro se encuentra (*runs into; meets*) con una de sus muchísimas novias en la calle. ¿Qué hacen?
    a. Se besan.
    b. Se afeitan.

3.   ¡Solomón finalmente conoce a Janet! ¿Qué hacen?
    a. Se cantan.
    b. Se hablan.
    c. Bailan.

4.   Sandra se va a vivir a España. ¡Qué emoción! Ella se encuentra con una amiga en la calle. ¿Cómo se saludan?
    a. Se dicen "hola".
    b. Se besan en las dos mejillas.
    c. Se abrazan.

5.   Al <u>final</u> de la clase, el profesor o la profesora y los estudiantes…
    a. se saludan.
    b. se despiden.

6.   No me gusta mi jefe.
    a. ¡Nos llevamos perfectamente bien!
    b. ¡No nos llevamos para nada!

II.   Conjuga los siguientes verbos según el sujeto dado. ¡Ojo! No todos los verbos son reflexivos; no todos terminan con *se*.

Mirarse (ellos)	Verse (yo)	Bañarse (tú)
Conocer (yo)	Levantarse (él)	Hablar (yo)
Despedirse (nosotros)	Saludarse (ustedes)	Despertar (ella)

Práctica de verbos reflexivos

Paso 1

Con un compañero, escribe un párrafo donde describan la rutina diaria de una persona famosa usando los siguientes verbos reflexivos. Pongan las actividades en un orden lógico. ¡Añadan (*add*) otros detalles para hacer el párrafo más interesante! ¡Ojo! The verbs must agree with the *él/ella* form!

Tomarse un cafecito	Ducharse	Afeitarse
Mirarse en el espejo	Levantarse	Despertarse
Acostarse	Tomarse un trago (*have a drink [alcohol]*) con amigos famosos	Ponerse maquillaje

Persona famosa: _____

_____

_____

_____

_____

_____

_____

_____

Paso 2

Ahora describan la rutina diaria de ustedes. Usen las formas para *nosotros/nosotras* (4-5 oraciones).

_____

_____

_____

_____

_____

¿Cómo eres?

<u>Cualidades:</u>

TENER   **+**   **el afán de realización**
el don de mando
la tendencia a evitar riesgos

<u>Adjetivos:</u>

capaz de dirigir
perezoso/a
retraído/a
agresivo/a
aventurero/a
extrovertido/a

SER   **+**   **gregario/a**
imaginativo/a
impulsivo/a
reservado/a
serio/a
tímido/a
vulnerable al estrés

BINGO HUMANO		
Es serio y tímido	Tiene la tendencia a evitar riesgos	Es perezosa
Tiene el don de mando	Es muy impulsiva	Es aventurero y extrovertido
Tiene el afán de realización	Es vulnerable al estrés	Es introvertido

¿Se abrazan ustedes? Actividad de repaso

Selecciona la opción que mejor describe lo que pasa en las siguientes circunstancias:

1. Cuando visito a mi mamá, nosotros

a. nos besamos   b. nos abrazamos   c. nos damos la mano   d. no hacemos nada especial

2. Cuando veo a mi papá, nosotros

a. nos besamos   b. nos abrazamos   c. nos damos la mano   d. no hacemos nada especial

3. Cuando veo a mi mejor amigo, nosotros

a. nos besamos   b. nos abrazamos   c. nos damos la mano   d. no hacemos nada especial

4. Cuando veo a mi mejor amiga, nosotros

a. nos besamos   b. nos abrazamos   c. nos damos la mano   d. no hacemos nada especial

5. Cuando me encuentro a un amigo o amiga en la calle

a. nos besamos   b. nos abrazamos   c. nos damos la mano   d. no hacemos nada especial

6. Cuando visito a mis hermanos, nosotros

a. nos besamos   b. nos abrazamos   c. nos damos la mano   d. no hacemos nada especial

Lección 6

Comparaciones de igualdad, superioridad e inferioridad

ADJETIVOS

	Adjetivo	
tan	Rojo, bonito, interesante	**como**
más	aburrido, inteligente	**que**
menos	fascinante, feo, ...	

Juan es **tan** *alto* **como** Roberto.
Roberta es **más** *simpática* **que** Pedro.

Marina es **tan** *interesante* **como** yo
Tú y yo somos **menos** *aburridos* **que** Guillermo.

SUSTANTIVOS

	Sustantivo	
tanto **tanta** **tantos** **tantas**	mesas, hijos, puertas, casas, amigos, dinero,	**como**
más **menos**	flores, libros, abuelas, problemas, suerte,...	**que**

Pedro tiene **tantos** *libros* **como** tú.
Carlos escribe **más** *cartas* **que** Pedro.

Ana tiene **tantas** *amigas* **como** Rosa.
Roberto vende **menos** *ropa* **que** su tío.

ADVERBIOS

	Adverbio	
tan	rápidamente, velozmente	**como**
más **menos**	armoniosamente, espantosamente, ...	**que**

Juan come **tan** rápidamente **como** tú.
Roberto corre **más** lentamente **que** Pedro.

Mónica aprende **tan** *fácilmente* **como** yo.
Anita canta **menos** *armoniosamente* **que** yo.

VERBOS

Verbo	
correr, leer, amar, odiar, escribir, cantar, aprender, comer, bailar, gritar,...	**tanto como** **más que** **menos que**

Pedro *corre* **tanto como** yo.
Ana *estudia* **más que** otros estudiantes.

Emilia *grita* **tanto como** tú.
Esta medicina *ayuda* **menos que** la otra.

45

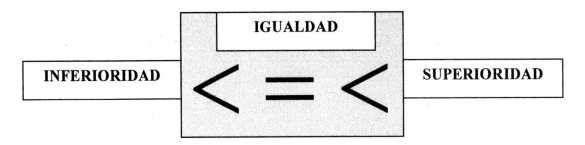

EJERCICIO: Escribe una frase de comparación con base en el contexto.

1. *La familia americana moderna no es muy grande. La familia americana del pasado era grande.*

   La familia americana moderna es _____ la familia americana del pasado.

2. *Mi abuela tiene ochenta años y mi abuelo tiene ochenta y tres años.*

   Mi abuela tiene _____ mi abuelo.

3. *Rosa es bonita y María es bonita.*

   Rosa es _____ María.

4. *La mujer de hoy tiene un promedio de 1.5 hijos. La mujer del pasado tenía un promedio de 3.5 hijos.*

   La mujer de hoy tiene _____ la mujer del pasado.

5. *Los estudiantes de nuestra clase leen rápidamente y también escriben rápidamente.*

   Los estudiantes de nuestra clase leen _____ escriben.

6. *Los padres de hoy aman mucho a sus hijos. Los padres del pasado amaban mucho a sus hijos.*

   Los padres de hoy aman a sus hijos _____ los padres del pasado.

7. *Hay demasiados divorcios en Los Estados Unidos hoy. Hay algunos divorcios en Latinoamérica hoy.*

   No hay _____ en Latinoamérica _____ en Los Estados Unidos.

8. En mi opinión, _____

9. Creo que _____

DISCOTECAS SIN

Vocabulario útil
Here is a list of words you may find useful in answering the questions that follow.

el zumo	*juice*	vigilar	*to keep an eye on, supervise*
el batido	*shake (milkshake)*	el ambiente	*environment*
la bebida caliente	*hot drink*	ligar	*to flirt with someone*
el granizado	*iced drink (iced tea)*	sano/a	*healthy*
reunirse	*to get together*	evitar	*to avoid*
en vez de	*instead of*	la pelea	*fight*
la calle	*street*	la carretera	*road*
los mayores	*grown-ups*		

Anticipación
Paso 1 You are going to listen to a report on some discotheques in Spanish cities that are especially for young people. They are called *discotecas sin* because they don't serve alcohol or tobacco. What are the discotheques like where you live? Fill in the following information about a discotheque in your area. Then compare your information with that of a classmate.

1. horario de la discoteca
   los días de semana_____
   los fines de semana_____
2. edad para poder entrar a la discoteca_____
3. restricciones de la discoteca_____
4. tipo de música que generalmente se escucha_____

Paso 2 Rank your preferences for the following non-alcoholic beverages from 1-5 (5= most preferred).

_____sodas   _____batidos   _____granizados

_____zumos   _____bebidas calientes

Mientras veas
Paso 1 Listen carefully to the segment in order to fill in the following information.

1. ¿Cuáles son los dos tipos de bebida que se sirven?

   Se sirven _____ y _____.

2. ¿Cuál es el "otro gran ausente" en estas discotecas? (El primer gran ausente es el alcohol).

   El otro gran ausente es _____.

3. ¿Quién es la protagonista de estas discotecas?

   La protagonista de estas discotecas es _____.

Paso 2 According to the report, why do Spanish young people like this type of discotheque? Base your answers on what you have seen and heard. Put a checkmark next to the statements that are true.

1. ❑ La gente se reúne en un centro en vez de hacerlo en las calles.

2. ❑ Los jóvenes piensan que estas discotecas están bien, pero prefieren las de los mayores.

3. ❑ Los jóvenes piensan que en estas discotecas nuevas vigilan mucho, pero también piensan que esto está bien.

4. ❑ No les gustan estas nuevas discotecas porque el ambiente es más aburrido que en las discotecas de los mayores.

5. ❑ Los jóvenes piensan que es fácil ligar en estas nuevas discotecas.

Después de ver
Paso 1 After having watched the report, do you like the idea of the *discoteca sin* more or less? Express you opinion on the following points by writing **C(cierto)** or **F (falso)**.

1. _____ Los jóvenes no deben tomar bebidas alcohólicas hasta los 21 años de edad por lo menos.
2. _____ La juventud sana es la juventud que no bebe alcohol y que no fuma cigarrillos.
3. _____ Las discotecas son para bailar. Para bailar no es necesario beber alcohol y fumar.
4. _____ Las *discotecas sin* evitan peleas entre jóvenes, accidentes en las carreteras, abusos sexuales, etcétera.
5. _____ Es más fácil bailar si se tiene un poco más de animación gracias al alcohol. En esto no hay nada malo.

Paso 2 Compare your answers in **Paso 1** with those of your classmates. For each point, obtain the signature of a classmate who responded similarly and of a classmate who responded differently.

1. _____

_____

2. _____

_____

3. _____

_____

4. _____

_____

5. _____

_____

JARDÍN DE INFANCIA EN BARCELONA

Vocabulario útil

Here is a list of words you may find useful in answering the questions that follow.

el espejo	*mirror*	divertirse (ie, i)	*to have fun*
solo/a	*single*	la bici	*bicycle*
la rueda	*wheel*	el tablero	*board (game)*
el cohete	*rocket*	el alpinismo	*mountaineering*
la nave espacial	*spaceship*	enseñar	*to teach*
la sala de maquillaje	*make-up room*	escalar	*to climb*
la pista	*track*	montar	*to set up, assemble*
la carrera	*race (cars)*		

Anticipación

Paso 1 This report deals with the seventeenth *Salón de la infancia y la juventud* in Barcelona, an exposition of games and activities for children and young people. Write the names of three expositions of amusement parks for children that you are familiar with, such as Disneyworld, for example.

1. _____

2. _____

3. _____

Paso 2 What are two games or activities (such as *pistas para motocross*) that you would include in such an exposition or amusement park?

1. _____

2. _____

Mientras veas

In this segment of the video, you will hear someone talk about the activities in the list that follows. As you listen, indicate which definition pertains to each activity.

1. espejos deformantes
   - ☐ a. Son espejos en los que te reflejas deformado/a.
   - ☐ b. Son espejos en los que te reflejas en diferentes colores.

2. locomotoras y coches eléctricos
   - ☐ a. Son sólo para niños.
   - ☐ b. Son para niños y jóvenes.

3. túneles
   - ☐ a. Son sólo para niños.
   - ☐ b. Son para niños y jóvenes.

4. transportes curiosos ☐ a. Son bicicletas de una sola rueda.
                                     ☐ b. Son cohetes y naves espaciales.

5. sala de maquillaje ☐ a. ¡Por supuesto sólo para niñas!
                             ☐ b. ¡Claro que no, para niños y niñas!

6. informática ☐ a. Estas son salas de vídeos.
                 ☐ b. Son ordenadores o computadoras.

7. pistas de bicicleta ☐ a. Son pistas para competir en carreras de bici.
                         ☐ b. Son pistas para divertirse individualmente con la bici.

8. juegos para controlar desde un tablero ☐ a. Son juegos tipo Nintendo.
                                                         ☐ b. Son coches dirigidos por control remoto.

9. clases de alpinismo ☐ a. Enseñan a los jóvenes a escalar montañas.
                         ☐ b. Les enseñan a hacer cámping.

Después de ver

Paso 1 Imagine that for next year's *Salón de la infancia y la juventud* in Barcelona, the organizers have asked for suggestions. Working in groups of three, write five activities or games that could improve that exposition.

1. _____

2. _____

3. _____

4. _____

5. _____

Paso 2 Now choose one of the activities from the preceding list and provide the following information about it.

Actividad o juego _____

1. materiales necesarios para montar este juego o actividad

   _____

2. espacio necesario para hacer este juego o actividad

   _____

3. personas necesarias para atender este juego o actividad

_____

4. edades apropiadas para participar en este juego o actividad

_____

Hoja de repaso para el examen
Ayer fue un día horrible para Pepe y José.

A. Completa las frases.

1. Siempre _____(a) a las 8:00, pero ayer _____(b)

    a las 9:00 y no pudieron _____(c). (a, b- levantarse) (c- desayunar)

2. Todos los días _____ con sus amigos en la cafetería pero ayer

    no _____ (almorzar)

3. Generalmente _____(a) ejercicio los jueves, pero anoche no

    _____ (b) ejercicio porque tuvieron que _____(c).
    (a, b - hacer)   (c - estudiar)

4. Suelen _____(a) antes de medianoche, pero anoche

    no_____(b) hasta las dos de la madrugada, y esta mañana

    _____(c) a las seis. (a, b - acostarse) (c - despertarse)

B. Completa el párrafo. No se debe usar un verbo más de una vez.

asistir	dar	manejar	quedarse
caminar	gustar	mirar	salir
cenar	ir	preparar	

Me llamo Mariana. Trabajo en una oficina en Denver. Los días de trabajo,

_____ de la oficina a las 5:00 de la tarde. Suelo_____ a mi

apartamento porque no me _____tomar el autobús o _____ mi

coche. En mi apartamento _____las noticias en la televisión y

_____la cena. Después de _____, yo

_____un paseo en el parque con un grupo de mis vecinos. Pero ayer,

tuve que _____ en la oficina hasta las 6:00 y después _____

en autobús a la casa de mis padres. Luego, nosotros _____a

un concierto de música.

C. Errores frecuentes

1. Tuvimos clase a las diez _____ la mañana.
    ¿(de/ por/ en)?

2. ¿Qué hizo Ud. ayer _____ la tarde?
    ¿(de/ por/ en)?

3. No hice nada después de _____.
    ¿(forma del verbo)? ¿(forma si es "despertarse" o "levantarse")?

4. No asististe _____ clase _____ lunes.
    ¿(en/ a/ X)?   ¿(en/ el/ los/ X)?

D. Preguntas generales

1. ¿En qué año te graduaste de la escuela secundaria? _____.

2. ¿Qué tiempo hace? _____.

E. Completa las frases con un pronombre en la columna (a) y una forma del verbo GUSTAR en la columna (b).

(a)	(b)	
1. A mí _____	_____ dormir por la tarde.	
2. ¿A ti _____	_____ los exámenes?	
3. A José _____	_____ la película "Asesinos".	
4. A nosotros _____	_____ la pizza de Pagliacci.	
5. A Uds. _____	_____ comer en casa.	
6. A ellos _____	_____ nuestras composiciones.	

*********************************ANSWERS*********************************

A. 1. (a) se levantan (b) se levantaron (c) desayunar
  2. almuerzan   almorzaron
  3. (a) hacen (b) hicieron (c) estudiar
  4. (a) acostarse (b) se acostaron (c) se despertaron

B. salgo caminar gusta manejar miro preparo cenar doy quedarme Fui asistimos

C. 1) de 2) por 3) infinitivo, despertarme, levantarme 4) a, el

D. 1) Me gradué de la escuela secundaria en 19XX.
  2) Hace buen/mal tiempo; Está lloviendo/nevando/despejado/nublado;etc

E. 1) me gusta   2) te gustan   3) le gusta
  4) nos gusta   5) les gusta   6) les gustan

Class Participation Self-Evaluation Sheet

Name: _Jennifer Sharp_ Week of the _20_ to the _27_ of _June_.

This evaluation sheet allows you to monitor your own participation in class week by week, and enables you and your instructor to address questions and comments to each other. The class participation point system is organized as follows:

1. Students receive a maximum of 5 points per day for participation (**25 pts/week**).

2. 5 points/day are automatically deducted for absences

3. Please rate your **daily** performance based on a scale of 0-5 and the following factors:

   0 = not assessable: absent or no participation at all

   1 = very poor: no attempt at speaking Spanish, negative attitude, unprepared and unmotivated, arrived late

   2 = mediocre: minimal attempt at speaking Spanish, apathetic attitude, somewhat prepared, arrived late

   3 = satisfactory: some attempt at speaking Spanish, sometimes volunteer to answer questions, somewhat prepared, or arrived late

   4 = good: usually speak Spanish, volunteer often to answer questions, motivated and well prepared, arrived on time

   5 = commendable: speak **only** Spanish, positive attitude, motivated, very well prepared, volunteer several times to answer questions, arrived on time

Mon	Tues	Wed	Thurs	Fri	TOTAL
4	3	3	4	0	14

Student /Instructor Comments:

_____ 6/27/99
Student Signature and Date

_____
Instructor Signature and Date

Class Participation Self-Evaluation Sheet

Name: _____ Week of the _____ to the _____ of _____.

This evaluation sheet allows you to monitor your own participation in class week by week, and enables you and your instructor to address questions and comments to each other. The class participation point system is organized as follows:

1. Students receive a maximum of 5 points per day for participation (**25 pts/week**).

2. 5 points/day are automatically deducted for absences

3. Please rate your **daily** performance based on a scale of 0-5 and the following factors:

    0 = not assessable: absent or no participation at all

    1 = very poor: no attempt at speaking Spanish, negative attitude, unprepared and unmotivated, arrived late

    2 = mediocre: minimal attempt at speaking Spanish, apathetic attitude, somewhat prepared, arrived late

    3 = satisfactory: some attempt at speaking Spanish, sometimes volunteer to answer questions, somewhat prepared, or arrived late

    4 = good: usually speak Spanish, volunteer often to answer questions, motivated and well prepared, arrived on time

    5 = commendable: speak **only** Spanish, positive attitude, motivated, very well prepared, volunteer several times to answer questions, arrived on time

_____	_____	_____	_____	_____	_____
Mon	Tues	Wed	Thurs	Fri	TOTAL

Student /Instructor Comments:

_____
Student Signature and Date

_____
Instructor Signature and Date

Class Participation Self-Evaluation Sheet

Name: _____ Week of the _____ to the _____ of _____.

This evaluation sheet allows you to monitor your own participation in class week by week, and enables you and your instructor to address questions and comments to each other. The class participation point system is organized as follows:

1.　　Students receive a maximum of 5 points per day for participation (**25 pts/week**).

2.　　5 points/day are automatically deducted for absences

3.　　Please rate your **daily** performance based on a scale of 0-5 and the following factors:

　　　0 = not assessable: absent or no participation at all

　　　1 = very poor:　　no attempt at speaking Spanish, negative attitude, unprepared and unmotivated, arrived late

　　　2 = mediocre:　　minimal attempt at speaking Spanish, apathetic attitude, somewhat prepared, arrived late

　　　3 = satisfactory:　　some attempt at speaking Spanish, sometimes volunteer to answer questions, somewhat prepared, **or** arrived late

　　　4 = good:　　usually speak Spanish, volunteer often to answer questions, motivated and well prepared, arrived on time

　　　5 = commendable:　　speak **only** Spanish, positive attitude, motivated, very well prepared, volunteer several times to answer questions, arrived on time

_____	_____	_____	_____	_____	_____
Mon	Tues	Wed	Thurs	Fri	TOTAL

Student /Instructor Comments:

_____
Student Signature and Date

_____
Instructor Signature and Date

Class Participation Self-Evaluation Sheet

Name: _____ Week of the _____ to the _____ of _____.

This evaluation sheet allows you to monitor your own participation in class week by week, and enables you and your instructor to address questions and comments to each other. The class participation point system is organized as follows:

1. Students receive a maximum of 5 points per day for participation (25 pts/week).

2. 5 points/day are automatically deducted for absences

3. Please rate your **daily** performance based on a scale of 0-5 and the following factors:

    0 = not assessable: absent or no participation at all

    1 = very poor: no attempt at speaking Spanish, negative attitude, unprepared and unmotivated, arrived late

    2 = mediocre: minimal attempt at speaking Spanish, apathetic attitude, somewhat prepared, arrived late

    3 = satisfactory: some attempt at speaking Spanish, sometimes volunteer to answer questions, somewhat prepared, or arrived late

    4 = good: usually speak Spanish, volunteer often to answer questions, motivated and well prepared, arrived on time

    5 = commendable: speak **only** Spanish, positive attitude, motivated, very well prepared, volunteer several times to answer questions, arrived on time

_____	_____	_____	_____	_____	_____
Mon	Tues	Wed	Thurs	Fri	TOTAL

Student /Instructor Comments:

_____
Student Signature and Date

_____
Instructor Signature and Date

Class Participation Self-Evaluation Sheet

Name: _____ Week of the _____ to the _____ of _____.

This evaluation sheet allows you to monitor your own participation in class week by week, and enables you and your instructor to address questions and comments to each other. The class participation point system is organized as follows:

1. Students receive a maximum of 5 points per day for participation (25 pts/week).

2. 5 points/day are automatically deducted for absences

3. Please rate your **daily** performance based on a scale of 0-5 and the following factors:

    0 = not assessable: absent or no participation at all

    1 = very poor: no attempt at speaking Spanish, negative attitude, unprepared and unmotivated, arrived late

    2 = mediocre: minimal attempt at speaking Spanish, apathetic attitude, somewhat prepared, arrived late

    3 = satisfactory: some attempt at speaking Spanish, sometimes volunteer to answer questions, somewhat prepared, or arrived late

    4 = good: usually speak Spanish, volunteer often to answer questions, motivated and well prepared, arrived on time

    5 = commendable: speak **only** Spanish, positive attitude, motivated, very well prepared, volunteer several times to answer questions, arrived on time

_____   _____   _____   _____   _____   _____
Mon   Tues   Wed   Thurs   Fri   TOTAL

Student /Instructor Comments:

_____
Student Signature and Date

_____
Instructor Signature and Date

Class Participation Self-Evaluation Sheet

Name: _____ Week of the _____ to the _____ of _____.

This evaluation sheet allows you to monitor your own participation in class week by week, and enables you and your instructor to address questions and comments to each other. The class participation point system is organized as follows:

1. Students receive a maximum of 5 points per day for participation (25 pts/week).

2. 5 points/day are automatically deducted for absences

3. Please rate your **daily** performance based on a scale of 0-5 and the following factors:

   0 = not assessable: absent or no participation at all

   1 = very poor: no attempt at speaking Spanish, negative attitude, unprepared and unmotivated, arrived late

   2 = mediocre: minimal attempt at speaking Spanish, apathetic attitude, somewhat prepared, arrived late

   3 = satisfactory: some attempt at speaking Spanish, sometimes volunteer to answer questions, somewhat prepared, or arrived late

   4 = good: usually speak Spanish, volunteer often to answer questions, motivated and well prepared, arrived on time

   5 = commendable: speak **only** Spanish, positive attitude, motivated, very well prepared, volunteer several times to answer questions, arrived on time

Mon	Tues	Wed	Thurs	Fri	TOTAL

Student /Instructor Comments:

_____
Student Signature and Date

_____
Instructor Signature and Date

Class Participation Self-Evaluation Sheet

Name: _____ Week of the _____ to the _____ of _____.

This evaluation sheet allows you to monitor your own participation in class week by week, and enables you and your instructor to address questions and comments to each other. The class participation point system is organized as follows:

1. Students receive a maximum of 5 points per day for participation (**25 pts/week**).

2. 5 points/day are automatically deducted for absences

3. Please rate your **daily** performance based on a scale of 0-5 and the following factors:

    0 = not assessable: absent or no participation at all

    1 = very poor: no attempt at speaking Spanish, negative attitude, unprepared and unmotivated, arrived late

    2 = mediocre: minimal attempt at speaking Spanish, apathetic attitude, somewhat prepared, arrived late

    3 = satisfactory: some attempt at speaking Spanish, sometimes volunteer to answer questions, somewhat prepared, or arrived late

    4 = good: usually speak Spanish, volunteer often to answer questions, motivated and well prepared, arrived on time

    5 = commendable: speak **only** Spanish, positive attitude, motivated, very well prepared, volunteer several times to answer questions, arrived on time

_____	_____	_____	_____	_____	_____
Mon	Tues	Wed	Thurs	Fri	TOTAL

Student /Instructor Comments:

\
\
\
\
_____
Student Signature and Date

\
_____
Instructor Signature and Date

Class Participation Self-Evaluation Sheet

Name: _____ Week of the _____ to the _____ of _____.

This evaluation sheet allows you to monitor your own participation in class week by week, and enables you and your instructor to address questions and comments to each other. The class participation point system is organized as follows:

1.   Students receive a maximum of 5 points per day for participation (25 pts/week).

2.   5 points/day are automatically deducted for absences

3.   Please rate your **daily** performance based on a scale of 0-5 and the following factors:

0 = not assessable: absent or no participation at all

1 = very poor: no attempt at speaking Spanish, negative attitude, unprepared and unmotivated, arrived late

2 = mediocre: minimal attempt at speaking Spanish, apathetic attitude, somewhat prepared, arrived late

3 = satisfactory: some attempt at speaking Spanish, sometimes volunteer to answer questions, somewhat prepared, or arrived late

4 = good: usually speak Spanish, volunteer often to answer questions, motivated and well prepared, arrived on time

5 = commendable: speak **only** Spanish, positive attitude, motivated, very well prepared, volunteer several times to answer questions, arrived on time

| _____ | _____ | _____ | _____ | _____ | _____ |
| Mon | Tues | Wed | Thurs | Fri | TOTAL |

Student /Instructor Comments:

_____
Student Signature and Date

_____
Instructor Signature and Date

Class Participation Self-Evaluation Sheet

Name: _____ Week of the _____ to the _____ of _____.

This evaluation sheet allows you to monitor your own participation in class week by week, and enables you and your instructor to address questions and comments to each other. The class participation point system is organized as follows:

1. Students receive a maximum of 5 points per day for participation (**25 pts/week**).

2. 5 points/day are automatically deducted for absences

3. Please rate your **daily** performance based on a scale of 0-5 and the following factors:

    0 = not assessable: absent or no participation at all

    1 = very poor: no attempt at speaking Spanish, negative attitude, unprepared and unmotivated, arrived late

    2 = mediocre: minimal attempt at speaking Spanish, apathetic attitude, somewhat prepared, arrived late

    3 = satisfactory: some attempt at speaking Spanish, sometimes volunteer to answer questions, somewhat prepared, or arrived late

    4 = good: usually speak Spanish, volunteer often to answer questions, motivated and well prepared, arrived on time

    5 = commendable: speak **only** Spanish, positive attitude, motivated, very well prepared, volunteer several times to answer questions, arrived on time

_____   _____   _____   _____   _____   _____
Mon   Tues   Wed   Thurs   Fri   TOTAL

Student /Instructor Comments:

_____
Student Signature and Date

_____
Instructor Signature and Date

Class Participation Self-Evaluation Sheet

Name: _____ Week of the _____ to the _____ of _____.

This evaluation sheet allows you to monitor your own participation in class week by week, and enables you and your instructor to address questions and comments to each other. The class participation point system is organized as follows:

1. Students receive a maximum of 5 points per day for participation (25 pts/week).

2. 5 points/day are automatically deducted for absences

3. Please rate your **daily** performance based on a scale of 0-5 and the following factors:

    0 = not assessable: absent or no participation at all

    1 = very poor: no attempt at speaking Spanish, negative attitude, unprepared and unmotivated, arrived late

    2 = mediocre: minimal attempt at speaking Spanish, apathetic attitude, somewhat prepared, arrived late

    3 = satisfactory: some attempt at speaking Spanish, sometimes volunteer to answer questions, somewhat prepared, or arrived late

    4 = good: usually speak Spanish, volunteer often to answer questions, motivated and well prepared, arrived on time

    5 = commendable: speak **only** Spanish, positive attitude, motivated, very well prepared, volunteer several times to answer questions, arrived on time

Mon	Tues	Wed	Thurs	Fri	TOTAL

Student /Instructor Comments:

_____
Student Signature and Date

_____
Instructor Signature and Date

Class Participation Self-Evaluation Sheet

Name: _____ Week of the _____ to the _____ of _____.

This evaluation sheet allows you to monitor your own participation in class week by week, and enables you and your instructor to address questions and comments to each other. The class participation point system is organized as follows:

1. Students receive a maximum of 5 points per day for participation (25 pts/week).

2. 5 points/day are automatically deducted for absences

3. Please rate your **daily** performance based on a scale of 0-5 and the following factors:

    0 = not assessable: absent or no participation at all

    1 = very poor: no attempt at speaking Spanish, negative attitude, unprepared and unmotivated, arrived late

    2 = mediocre: minimal attempt at speaking Spanish, apathetic attitude, somewhat prepared, arrived late

    3 = satisfactory: some attempt at speaking Spanish, sometimes volunteer to answer questions, somewhat prepared, or arrived late

    4 = good: usually speak Spanish, volunteer often to answer questions, motivated and well prepared, arrived on time

    5 = commendable: speak **only** Spanish, positive attitude, motivated, very well prepared, volunteer several times to answer questions, arrived on time

_____	_____	_____	_____	_____	_____
Mon	Tues	Wed	Thurs	Fri	TOTAL

Student /Instructor Comments:

_____
Student Signature and Date

_____
Instructor Signature and Date

Español
102-110

First Year Spanish
STUDENT BIOGRAPHICAL INFORMATION
(Please fill out this sheet and give it to your instructor)

Instructor's name:_____ Level: ❏101 ❏102 ❏103
                                                     ❏110 ❏121 ❏122
                                                     ❏123

Final Course Grade (to be filled in by instructor at end of quarter):_____

Name:_____ Quarter:_____

Major:_____ Phone#:_____ email:_____

Do you belong to a Special Program? ❏ Yes ❏ No   Which one? EOP _____
                                                                Athletics_____
                                                                ROTC _____
When/where have you taken Spanish?
                    <u>101</u>   <u>102</u>   <u>Other</u>

Quarter/Year:_____

Instructor: _____

Place: _____

% taught in Spanish:_____

What textbooks have you used?:_____

How many years of foreign language did you study in high school?:_____

What language(s)?:_____

Is a language required for you major? How much?

Should languages be a requirement for graduation? Why or why not?

Do you speak, read or write other languages (other than the one(s) mentioned above)?
What is your level? Where did you learn it/them?

83

Why are you taking Spanish?

What aspects or issues related to Spanish-speaking countries interest you? (Be specific: politics of Central America, ecology of rain forests in South America, etc.).

What aspects of learning a language do you particularly enjoy?

What is the most difficult part of learning a language in you opinion?

Please tell us a little about yourself (i.e. interests, hobbies, family, travels, etc.)

Lotería humana

Usando el verbo GUSTAR y otros verbos similares, hazles preguntas a 12 estudiantes diferentes. Cuando recibas una respuesta afirmativa a tus preguntas, escribe el nombre de la persona. Cuando tengas tu hoja llena (*full*) de nombres, grita "¡Lotería!"

Ejemplo: "¿Te interesa muchísimo la clase de español?"
Respuesta: "Sí, me interesa muchísimo."

Interesar muchísimo la clase de español Nombre:	Encantar los mariscos Nombre:	Caer bien Steve Martin Nombre:
Agradar los días lluviosos (*rainy*) Nombre:	Caer mal Woody Allen Nombre:	Apetecer un vaso de tequila Nombre:
Interesar las películas de Tom Cruise Nombre:	Encantar las ostras crudas Nombre:	Interesar probar (*try*) la paella española Nombre:
Caer bien los compañeros de la clase de español Nombre:	Importar si la comida tiene mucha grasa Nombre:	Gustar el campus de la universidad Nombre:

El *Se pasivo*

Construye oraciones usando el *se pasivo* con los elementos que se dan en las oraciones.

Modelo: Comprar / plátanos / mercado
Se compran plátanos en el mercado.

1.   Tocar / discos / fiestas

_____

2.   Servir / hamburguesas / Dick's

_____

3.   Vender / comida / HUB

_____

4.   Comprar / ropa / centro

_____

5.   Mirar / películas / cine

_____

6.   Tomar / ... / fiestas

_____

7.   Comprar / ... / la librería de la UW

_____

8.   Pedir / ... / restaurante

_____

9.   Oír / ... / bosque

_____

¿Quién es generoso, quién es justo y quién es tacaño?

Firma aquí

NOMBRE	SITUACIÓN
_____	Siempre invita cuando sale con amigos.
_____	Suele dejar el 15% de propina.
_____	Suele dejar menos del 15% de propina.
_____	Suele dejar más del 15% de propina si el servicio es bueno.
_____	Suele dejar más del 15% de propina si el camarero es guapo.
_____	No le gusta comer en público. Prefiere pedir comida para llevar.
_____	Trabaja de mesero/a.
_____	Es un cliente arrogante y agresivo.
_____	Es un cliente con mucha paciencia.
_____	Siempre paga la cuenta.
_____	Casi nunca paga la cuenta cuando sale con amigos o con su amor.

La situación 1: cliente # 1

2 clientes están en un restaurante. Son las 7:30 de la noche. Es un restaurante "elegante" y famoso…

Cliente #1

Tú eres vegetariano. Eres muy especial para la comida (*picky*). También, eres estudiante y no tienes mucho dinero. Cuando sales con tus amigos, TODOS pagan lo suyo (*their own*).

Tienes las siguientes metas (*objectives*) durante esta cena:

a)   Necesitas una recomendación del mesero sobre las posibilidades vegetarianas.
*** *Be sure to use the expression* ¿Qué trae…?

b)   Tienes buenos modales. (*Make that crystal clear to the other person at the table!*)

c)   *You want to know what's in the fruit salad.*

d)   *You order the soup and you don't have a spoon.*

e)   Tú derramas la sopa. *You need a new napkin. Sigh.*

f)   No tienes mucha paciencia con el mesero y quieres muchas cosas (*and you ask for them one at a time*) -salt, butter, bread, more water…

g)   ¡Qué asco! Hay una mosca en tu comida.

h)   Tienes que discutir (*discuss*) el servicio y decidir cuánta propina van a dejar.

La situación 2: cliente # 2

2 clientes están en un restaurante. Son las 7:30 de la noche. Es un restaurante "elegante" y famoso...

Cliente #2

a)   ¡Tú entiendes que tu amigo/a invita hoy! ¡Yipee! *Ring up the tab!*

b)   Tú tienes malos modales. (*Make that crystal clear to the other person at the table.*) *Hee, hee!*

c)   *Oops, you dropped your fork!*

d)   *You want to know what's in* enchiladas suizas.

e)   Te gusta la comida picante. *Get some* recomendaciones *from the waiter.*

f)   *Woah! You ordered spicy food, but not 'blow-torch hot'. You need water!!! OH, NO- your glass is empty !!!*

g)   Van a ver una película nueva y necesitan la cuenta.

h)   Hay errores en la cuenta...

i)   Tienes que discutir el servicio y decidir cuánta propina van a dejar.

La situación 3: cliente # 3

2 clientes están en un restaurante. Son las 7:30 de la noche. Es un restaurante "elegante" y famoso...

El camarero / la camarera

a)   Tú decides el nombre del restaurante y pones el nombre en el menú.

b)   Tú inventas una 'especialidad del día'.

c)   Tú decides si tienes mucha paciencia o si eres muy impaciente.

d)   Entiendes que es el cumpleaños de uno de los clientes. Para el postre, tú traes un pastel gratis (*free*) y cantas para el cliente.

e)   Una persona misteriosa y guapa en el restaurante compra champán para los clientes.

f)   Cuando traes la cuenta tienes que poner un error en la cuenta.

La situación: el menú

¡Bienvenidos al restaurante _____!

Bebidas		Aperitivos	
Agua mineral	$ 2.00	Nachos con salsa	$ 3.00
Dos Equis	$ 3.50	Pan y mantequilla	$ 2.00
Margaritas	$ 3.00	Guacamole	$ 3.50
Piña Colada	$ 4.00	Salchichas con queso	$ 3.00

Ensaladas

Ensalada mixta	$ 3.00
Ensalada de fruta	$ 3.50
Ensalada de mariscos	$ 4.00

Sopas

Sopa de calabacitas	$ 4.00
Sopa del día	$ 4.00

Platos Principales

Burritos con carne de res, pollo o pescado	$ 12.00
Enchiladas suizas con queso	$ 9.00
Taquitos con carne de res	$ 10.50
Arroz con frijoles	$ 5.00
Chiles rellenos	$ 9.50
Chuleta de cerdo con chiles verdes	$ 11.00
Camarones al ajillo	$ 14.00

Postres

Flan	$ 3.00
Puré de mango con crema	$ 4.00

¿Qué te gusta tomar?
Entrevista

Entrevista a tres compañeros para saber la siguiente información.

	E1:	E2:	E3:
¿Qué te gusta tomar....			
1)...para el desayuno?	_____	_____	_____
2)...con una hamburguesa?	_____	_____	_____
3)...para la merienda?	_____	_____	_____
4)...cuando sales con unos amigos por la noche?	_____	_____	_____
5)...mientras estudias?	_____	_____	_____
6)...cuando lees?	_____	_____	_____
7)...cuando te levantas?	_____	_____	_____

¿Cómo te sientes?
Bingo humano

_____ se enfada cuando su compañero de cuarto no lava los platos.	_____ se aburre en la clase de matemáticas.	_____ llora cuando lee tarjetas de Hallmark.	_____ le quedan dos años para graduarse.
_____ tiene que gritar cuando habla con su abuelo/a.	_____ se sonroja cuando le dan flores.	_____ se siente deprimido/a cuando llueve.	_____ canta en el carro cuando está solo/a.
_____ lo pasa mal si no hay cerveza en una fiesta.	_____ camina todos los días a la universidad.	_____ sonríe cuando ve un perro.	_____ va de compras cuando está deprimido/a.
A_____ le falta su libro hoy.	_____ se alegra cuando se reúne con su familia.	_____ se pone muy tenso cuando visita al dentista.	_____ silba mientras trabaja.

¡Somos psicólogos!

Uds. son psicólogos. Van a analizar a sus compañeros de clase para ver si son sensibles (*sensitive*) o no…

Paso 1:   Los psicólogos tienen que hacer las preguntas usando las formas de tú.

Paso 2:   Los clientes responden a las preguntas usando las formas de yo.

Paso 3:   Los psicólogos tienen que evaluar las respuestas.

Paso 4:   Los psicólogos tienen que hacer una recomendación.

Puntos de evaluación:

1 = generalmente
2 = raras veces
3 = nunca

Las preguntas:

¿? Llorar cuando mirar una película trágica
¿? Gritar cuando estar enfadado/a
¿? Sonrojarse cuando decir o escuchar algo romántico
¿? Comerse las uñas cuando estar tenso/a
¿? Encerrarse en su cuarto cuando estar deprimido/a
¿? Reírse mucho cuando estar borracho/a
¿? Permanecer callado/a cuando estar en la biblioteca
¿? Quejarse cuando tiene problemas con su amor
¿? Reírse cuando sus amigos cuentan chistes
¿? Reírse cuando sus amigos tienen problemas

Las conclusiones

10-12 puntos   Necesita otra cita (*appointment*) con el psicólogo.

12-16 puntos   Necesita tomar unas vacaciones en una isla tropical. Debe tomar tres piñas coladas cada hora durante tres días.

Más de 16 puntos   Necesita_____

_____

_____

El pretérito y el imperfecto

EL PRETÉRITO INDICA EN EL PASADO:

1.- El **comienzo** de una acción.

   Cené a las ocho. *Comencé* la escuela a los seis años.

2.- El **fin** de la acción.

   Anita *leyó* todo el artículo. Rodolfo *dejó* la clase a las 6:00 de la tarde.

3.- La **totalidad** de la acción.

   Edgar *estudió* por tres horas. *Vivió* en Washington por cinco años.

EL IMPERFECTO INDICA EN EL PASADO:

1.- Una acción **habitual** (equivalente a "used to")

   Jugaba fútbol cuando *era* joven.

2.- Una acción **en progreso** (equivalente a "was/were doing")

   Mientras mi mamá *miraba* la tele, mi papá *leía*.
   Luis llamó cuando *comíamos*.

3.- **Descripciones** en una narración (background descriptions)

   Elvis *tenía* mucho talento y *era* muy atractivo.

4.- Para indicar la **hora**, la **fecha**, la **edad** en una narración (background descriptions)

   Eran las tres cuando terminó la clase.
   Era viernes 13.
   José *tenía* 4 años cuando nació su hermana.

5.- **Intención**: *Ir + a + infinitivo* (was going to)

   Nosotros *íbamos a salir* al cine pero no pudimos.

EJERCICIO: Contesta las siguientes preguntas utilizando el pretérito o el imperfecto, según corresponda.

(1)   ¿Qué solías hacer en tu tiempo libre antes de empezar los estudios en la universidad?

_____

_____

_____

(2)   ¿Qué hacías cuando tu profesor/a entró en la clase hoy?

_____

_____

_____

(3)   ¿Cómo eran tus amigos en la escuela secundaria?

_____

_____

_____

(4)   ¿Qué cosas ibas a hacer en el pasado que nunca llegaste a hacer?

_____

_____

_____

(5)   Escribe una pequeña historia. Describe el ambiente usando el imperfecto y narra las acciones usando el pretérito.

_____

_____

_____

_____

_____

_____

Palabras claves para el **imperfecto**	*Palabras claves para el* **pretérito**
nunca, siempre, cada día, cada semana, los fines de semana, frecuentemente, por lo general, de costumbre, cuando, mientras	nunca, un día, un fin de semana, una vez, ayer, anteayer, de repente, de pronto, la última vez, cuando

Pretérito e imperfecto

Paso 1: Escribe este párrafo de nuevo cambiando todos los verbos que están en presente a pretérito o imperfecto.

Es el sábado por la mañana. Mariano está en su cama soñando con el futuro. Aunque por lo general él se despierta a las nueve o diez los sábados, son las cinco y diez cuando de repente suena el despertador. Mariano se despierta tan temprano porque va a ir de pesca con su papá y su abuelo. Se queda unos diez minutos en la cama porque tiene mucho sueño.

Al levantarse de su cama, Mariano mira por la ventana y ve que la luna todavía brilla en el cielo negro. Baja a la cocina. Su papá baja unos minutos después. Los dos hablan al mismo tiempo que su papá prepara el desayuno y Mariano prepara el almuerzo para llevar con ellos. Se sientan a la mesa para comer el desayuno.

Mariano piensa ducharse después de comer el desayuno, pero él todavía está comiendo cuando llega su abuelo. Él pregunta por qué no están listos para irse. Sólo tardan unos minutos en prepararse. Sin embargo, su abuelo está muy impaciente. Mariano tiene ganas de ir de pesca porque él sabe que van a un lago donde la familia suele ir para pasar sus vacaciones.

_____ el sábado por la mañana. Mariano _____ en su cama soñando con el futuro. Aunque por lo general él _____ a las nueve o diez los sábados, _____ las cinco y diez cuando de repente _____ el despertador. Mariano _____ tan temprano porque _____ a ir de pesca con su papá y su abuelo. _____ unos diez minutos en la cama porque _____ mucho sueño.

Al levantarse de su cama, Mariano _____ por la ventana y _____ que la luna todavía _____ en el cielo negro. _____ a la cocina. Su papá _____ unos minutos después. Los dos _____ al mismo tiempo que su papá _____ el desayuno y Mariano _____ el almuerzo para llevar con ellos. _____ a la mesa para comer el desayuno.

Mariano _____ ducharse después de comer el desayuno, pero él todavía _____ comiendo cuando _____ su abuelo. Él les

_____ por qué no _____ listos para irse. Sólo

_____ unos minutos en prepararse. Sin embargo, su abuelo

_____ muy impaciente. Mariano _____ ganas de ir de

pesca porque él _____ que _____ a un lago donde la

familia _____ ir para pasar sus vacaciones.

Paso 2: Ahora escribe un parráfo para completar el cuento.

_____

_____

_____

_____

_____

_____

A

_____
(nombre)

le gusta acampar en las montañas.

_____
(nombre)

se ríe cuando le hacen cosquillas.

_____
(nombre)

escucha música para relajarse.

_____
(nombre)

veía más televisión de niño que ahora.

_____
(nombre)

piensa que la televisión es dañina.

_____
(nombre)

fue a esquiar este mes.

_____
(nombre)

mira televisión más de cinco horas a la semana.

A

_____
(nombre)

le gusta navegar en un lago.

_____
(nombre)

quiere ir a un museo durante las vacaciones.

_____
(nombre)

hacía más ejercicio el año pasado que este año.

_____
(nombre)

tiene el síndrome invernal.

A

_____
(nombre)

le gusta jugar naipes con sus amigos.

Los mandatos
Diálogo

Completa los espacios en blanco con el mandato de los verbos entre paréntesis para completar el diálogo entre la hermana mayor, Carlota, y su hermanito Alfonsito:

Carlota: No quiero limpiar mi cuarto hoy. Alfonsito, (*clean*) _____ mi cuarto por mí.

Alfonsito: Carlota, ¡no quiero!

Carlota: ¿Ah, no? ¿Quieres ganar mucho dinero?

Alfonsito: ¡Sí, sí!

Carlota: (*Come*) _____ a mi cuarto. (*Look*) _____, (*be careful*) _____. (*Put*) _____ mis Barbies en el armario y mi pelota de fútbol en el jardín.

Alfonsito: Bueno. Tu cuarto está limpio. ¿Dónde está mi dinero?

Carlota: ¡(*Get out*) _____ de mi cuarto! ¿No ves? Estoy ocupada. Mi amor está en el teléfono.

Alfonsito: ¡Voy a decirle a mamá que eres mala!

Carlota: Está bien. (*Tell*) _____ a nuestra madre que soy mala. ¡No me importa!

Madre: ¡Carlota…!

¡Hagamos un anuncio!
Sainetes

Van a presentar en sainetes sus anuncios para algún producto milagroso. Cada presentación debe tener tres partes:

A. **El problema**

¿Cómo era la vida antes de probar el producto? En esta sección el tiempo verbal más útil va a ser _____.

B. **El descubrimiento**

¿Cómo descubrieron el producto? ¿Qué efectos tuvo? ¿Cómo cambió sus vidas? En esta sección el tiempo verbal más útil va a ser _____.

B. **La promoción del producto**

Hay que convencer al consumidor de comprar el producto. El modo del verbo más útil va a ser _____.

_____

_____

_____

_____

_____

_____

_____

_____

Repaso de Español 101

Completa las siguientes frases con información sobre tus compañeros de clase. Las líneas marcadas con "N" son para que escribas el nombre. No debes repetir nombres.

1.   (N) _____ visitó otro estado durante las vacaciones. Visitó

   _____ .

2.   De niño/a (N) _____ dormía con la luz prendida.

3.   (N) _____ tuvo que trabajar durante las vacaciones.

   Trabajó en _____ .

4.   (N) _____ hizo algo de interés durante las vacaciones.

   _____ durante las vacaciones.

5.   (N) _____ tenía más de 6 años cuando nació un hermano/a

   menor. Tenía _____ años.

6.   (N) _____ vivió más de seis meses en otro país (**no** en Los
   Estados Unidos).

7.   (N) _____ no vino a la universidad en carro hoy. Vino en

   _____ .

8.   (N) _____ se despertó más temprano que yo hoy.

9.   (N) _____ nació en el mismo mes que yo. Nacimos en

   _____ .

10.   Hoy (N) _____ tiene tanto dinero como yo.

11.   A (N) _____ le gusta estudiar por la mañana.

12.   (N) _____ y (N) _____ suelen
   comer muy poco para el desayuno.

13.   (N) _____ era tan alto/a cuando tenía 13 años como ahora.

Repaso

1. **Conversación:** ¿Qué hizo tu compañero/a durante las vacaciones?

Nombre: _____

    a. ¿Estuvo en otro estado? ¿Dónde?
    b. ¿Pescó?
    c. ¿Escribió cartas?
    d. ¿Leyó un libro interesante? ¿Cuál?
    e. ¿Vio una película buena? ¿Cuál?
    f. ¿Trabajó? ¿Dónde?
    g. ¿Habló español? ¿Con quién?
    h. ¿Fue a un concierto? ¿A cuál?

2. **¡Bingo!** Encuentra a un compañero/a que cumple estas condiciones:

    a. Sus padres viven en California y no están divorciados:_____

    b. Su abuela ya murió:_____

    c. Su tía es muy aventurera:_____

    d. No conoce a todos sus primos:_____

    e. Su hermana lo/la llama con frecuencia:_____

    f. Se lleva bien con su cuñado:_____

3. **Comparaciones:** Rellena los espacios con una persona o un adjetivo según el contexto.

    a. Yo me parezco a mi_____porque los/las dos somos_____

    y _____.

    b. Mi_____ no se parece a mi_____; mi _____

    es más _____ que mi_____.

    c. Mis_____ son tan_____ como _____.

    d. Mi _____ me conoce mejor que mi_____.

e. Mi_____ y yo nos parecemos; a nosotros **nos** gusta(n)
_____.

4. **Debate:** en grupos de 3 personas.

A. Determinen cuáles son los TRES problemas más serios que tienen los hijos en la familia norteamericana típica.

1. Los padres se pelean mucho.
2. Los padres se divorcian.
3. Los padres pasan demasiado tiempo en el trabajo.
4. Los padres no ganan mucho dinero.
5. Los padres no prestan (*pay*) atención a los niños.
6. Los padres son muy exigentes.
7. Los familiares no se comunican bien.
8. El padre o la madre no se queda en casa con los hijos.
9. Los hijos ven demasiada televisión.
10. La familia no ve con frecuencia a otros parientes (abuelos, tíos ....)

B. ¿Cómo es la familia ideal y equilibrada? Completen las oraciones de manera original usando construcciones reflexivas y/o recíprocas.

En la familia ideal, los padres se ayudan y _____

_____.

En la familia ideal, los hijos_____

_____

En la familia ideal, durante el fin de semana,_____

_____

5. **La pareja ideal:** Describe a tu marido o mujer ideal (6 oraciones). Usa las preguntas como guía. Escribe en el espacio que se te da en la próxima página.
*¿Cómo es? (El físico y la personalidad)
*¿Qué es? (Profesión u ocupación)
*¿Cómo es su familia?
*¿Qué le gusta?

El marido/ La mujer de mis sueños es......

_____

_____

_____

_____

_____

_____

_____

Repaso

Otros tiempos y otras generaciones

1. **Entrevista:** ¿Qué haces cuando...? Averigua (*find out*) qué hacía tu compañero/a cuando era niño/a en las siguientes situaciones:

    a. Cuando no tenía clase: _____

    b. Cuando llovía mucho: _____

    c. Cuando tenía dinero: _____

    d. Durante las vacaciones de verano: _____

    e. Cuando visitaba a sus abuelos: _____

2. **Antes y ahora.** Usa las categorías de la lista (u otras) para completar las frases sobre tus costumbres antes (de niño/a) y ahora (de adulto/a).
    Ejemplo:
De niña __me gustaban los dulces__ y ahora de adulta todavía __me gustan__.
      +(antes)   +(ahora)

mirar los dibujos animados (*cartoons*) en la televisión
odiar las verduras (*vegetables*)
lavar la ropa
leer las tiras cómicas
ir a la iglesia
jugar a los videojuegos
acostarse temprano
comer mal
pelearse con los hermanos

1. De niño/a _____ y ahora de adulto/a todavía _____.
              +   +
2. De niño/a _____ pero ahora de adulto/a no _____.
              +   -
3. De niño/a no_____ pero ahora de adulto/a _____.
              -                                       +
4. De niño/a no _____ y ahora de adulto/a tampoco _____.
              -                                       -

3. **Debate:** Cuando nuestros abuelos y nuestros padres eran jóvenes, la vida era un poco diferente (la música, la moda, las diversiones, las creencias...). En grupos de tres personas, escriban TRES cosas que eran características de la generación de nuestros abuelos y TRES de la generación de nuestros padres cuando ellos eran jóvenes:

Nuestros abuelos:

1._____

2._____

3._____

Nuestros padres:

1._____

2._____

3._____

4. **"Profesor/a, no hice mi tarea."**
You didn't do your homework for Spanish class today. You go to your instructor's office to explain why, but s/he's not there, so you decide to write a note in Spanish. Start off by saying that you're sorry, but you don't have the homework for today. (*Lo siento, pero no tengo la tarea para hoy.*) Continue by saying that you have a good excuse (*excusa*), then say what you did that kept you from doing your assignment. Add lots of details, and watch your verb forms. Most of the verbs should be in the **pretérito**: which forms will you need?

_____

_____

_____

_____

_____

_____

Atentamente,

_____
(your name)

Guía de estudio para el examen parcial

I.   **Comprensión auditiva**

II.   **Vocabulario**

Para estas dos secciones, necesitan saber MUY BIEN no sólo el significado y la escritura de cada término en el vocabulario de las lecciones, sino también el sonido.

Recomendaciones:

Leer las palabras en voz alta.

Aprender las palabras por categorías.

Practicar definiendo las palabras en español.

III.   **Gramática**

El **se** pasivo

El **se** impersonal

Los verbos "raros": gustar, encantar, apetecer, importar, etc

El pretérito

El uso del pronombre del complemento indirecto con verbos regulares como: pedir, dar, poner, quitar, decir (p. 200-201)

IV.   **Información cultural general**

Vamos a ver

Vistazos

¿Sabías que...?

Repaso Unidad 4

I   Formen grupos de tres estudiantes para hacer esta actividad.

    A.   Adjetivos

triste	enfadado	contento
alegre	tranquilo	feliz
deprimido	relajado	avergonzado
cansado	tenso	nervioso

    B.   Verbos que pueden usarse con los adjetivos de arriba:

        sentirse/ estar   ponerse

¿Cuál es la diferencia de significado entre "sentirse/ estar" y "ponerse"?:

Se usa_____para indicar transición entre dos estados de ánimo.

Se usa_____para indicar un estado de ánimo.

    C.   Otros verbos

silbar	alegrarse	reírse
cantar	asustarse	relajarse
quejarse	preocuparse	llorar

II   Clasifiquen los adjetivos de A y los verbos de C bajo las siguientes categorías:

NEGATIVOS   **POSITIVOS**

III   **A.** Usando los verbos *sentirse/ estar* y *ponerse* y las palabras de una de las categorías de la sección II, escriban cinco preguntas para hacer a otros estudiantes de la clase.

Ejemplos: ¿Qué haces cuando te sientes triste? ¿Lloras mucho?

1._____

2._____

3._____

4._____

5._____

B. Cambien estas preguntas para informarse sobre su compañero cuando era niño/a o adolescente.

Ejemplos: De niño/a, ¿qué hacías cuando te sentías triste?
Cuando eras adolescente ¿llorabas mucho?

1._____

2._____

3._____

4._____

5._____

IV.   Ahora, cada estudiante tiene que hacerle estas preguntas a un miembro de *otro* grupo.

V.   Después de hacer la entrevista, cada estudiante escribe un párrafo individual sobre el/la estudiante a quien entrevistó.

VI.   Antes de salir de clase hoy cada estudiante tiene que entregarle a la profesora una copia de las 10 preguntas de su grupo (5 de **III A** y 5 de **III B**) y el párrafo individual.

Pretérito e imperfecto

Escoge la mejor respuesta o terminación para cada oración. ¡Cuidado con el tiempo del verbo!

1. Cuando tenía 15 años...

    a. me gustaba ir a la playa.
    b. fui a la escuela el sábado.
    c. me puse nerviosa.

2. Cuando te llamé anoche, ¿qué hacías?

    a. Estudié.
    b. Leía un libro para mi clase de historia.
    c. Dormí 2 horas.

3. ¿Qué hacía tu compañera de cuarto mintras tú hacías la tarea?

    a. Silbó.
    b. Se cansaba.
    c. Limpiaba su cuarto.

4. Me puse triste cuando...

    a. recibí la mala noticia.
    b. iba al cine.
    c. vi una película cómica.

5. ¿Hiciste ejercicio aeróbico ayer?

    a. Sí, iba al IMA.
    b. No, caminaba a casa.
    c. Sí, y sudé mucho.

6. Cuando eras pequeño/a, ¿qué hacías cuando tenías miedo por la noche?

    a. Me comí las uñas.
    b. Iba al cuarto de mis padres.
    c. Me irritaba.

Completa el texto con la forma correcta del verbo entre paréntesis en el **pretérito** o el **imperfecto**, según el contexto. (¡Cuidado! ¿Cuál es el sujeto del verbo?)

La última vez que yo_____(enojarse)_____(ser) anoche. Yo

_____(estar) en casa y_____(querer) estudiar porque tengo dos

exámenes esta semana. Mi compañera de cuarto_____(llegar) con sus

amigos y_____(poner) la tele. Por dos horas ellos_____(hablar),

_____(reírse) y_____(comer) palomitas delante de (=*in front of*)

la tele. Yo_____(estar) muy enfadada porque no puedo estudiar cuando hay

mucho ruido en la casa. Les_____(pedir) que se callaran(=*to be quiet*) pero

no me_____(escuchar). Por fin yo_____(decidir) ir a la

biblioteca para estudiar con tranquilidad. _____(salir) de la casa y

_____(dar) un portazo (=*slammed the door*).

Class Participation Self-Evaluation Sheet

Name: _____ Week of the _____ to the _____ of _____.

This evaluation sheet allows you to monitor your own participation in class week by week, and enables you and your instructor to address questions and comments to each other. The class participation point system is organized as follows:

1.   Students receive a maximum of 5 points per day for participation (**25 pts/week**).

2.   5 points/day are automatically deducted for absences

3.   Please rate your **daily** performance based on a scale of 0-5 and the following factors:

0 = not assessable: absent or no participation at all

1 = very poor: no attempt at speaking Spanish, negative attitude, unprepared and unmotivated, arrived late

2 = mediocre: minimal attempt at speaking Spanish, apathetic attitude, somewhat prepared, arrived late

3 = satisfactory: some attempt at speaking Spanish, sometimes volunteer to answer questions, somewhat prepared, or arrived late

4 = good: usually speak Spanish, volunteer often to answer questions, motivated and well prepared, arrived on time

5 = commendable: speak **only** Spanish, positive attitude, motivated, very well prepared, volunteer several times to answer questions, arrived on time

Mon	Tues	Wed	Thurs	Fri		TOTAL

Student /Instructor Comments:

_____
Student Signature and Date

_____
Instructor Signature and Date

Class Participation Self-Evaluation Sheet

Name: _____ Week of the _____ to the _____ of _____.

This evaluation sheet allows you to monitor your own participation in class week by week, and enables you and your instructor to address questions and comments to each other. The class participation point system is organized as follows:

1. Students receive a maximum of 5 points per day for participation (**25 pts/week**).

2. 5 points/day are automatically deducted for absences

3. Please rate your **daily** performance based on a scale of 0-5 and the following factors:

    0 = not assessable: absent or no participation at all

    1 = very poor: no attempt at speaking Spanish, negative attitude, unprepared and unmotivated, arrived late

    2 = mediocre: minimal attempt at speaking Spanish, apathetic attitude, somewhat prepared, arrived late

    3 = satisfactory: some attempt at speaking Spanish, sometimes volunteer to answer questions, somewhat prepared, or arrived late

    4 = good: usually speak Spanish, volunteer often to answer questions, motivated and well prepared, arrived on time

    5 = commendable: speak **only** Spanish, positive attitude, motivated, very well prepared, volunteer several times to answer questions, arrived on time

_____   _____   _____   _____   _____   _____

Mon   Tues   Wed   Thurs   Fri   TOTAL

Student /Instructor Comments:

_____
Student Signature and Date

_____
Instructor Signature and Date

Class Participation Self-Evaluation Sheet

Name: _____ Week of the _____ to the _____ of _____.

This evaluation sheet allows you to monitor your own participation in class week by week, and enables you and your instructor to address questions and comments to each other. The class participation point system is organized as follows:

1. Students receive a maximum of 5 points per day for participation (25 pts/week).

2. 5 points/day are automatically deducted for absences

3. Please rate your **daily** performance based on a scale of 0-5 and the following factors:

0 = not assessable: absent or no participation at all

1 = very poor: no attempt at speaking Spanish, negative attitude, unprepared and unmotivated, arrived late

2 = mediocre: minimal attempt at speaking Spanish, apathetic attitude, somewhat prepared, arrived late

3 = satisfactory: some attempt at speaking Spanish, sometimes volunteer to answer questions, somewhat prepared, or arrived late

4 = good: usually speak Spanish, volunteer often to answer questions, motivated and well prepared, arrived on time

5 = commendable: speak **only** Spanish, positive attitude, motivated, very well prepared, volunteer several times to answer questions, arrived on time

_____	_____	_____	_____	_____	_____
Mon	Tues	Wed	Thurs	Fri	TOTAL

Student /Instructor Comments:

_____
Student Signature and Date

_____
Instructor Signature and Date

Class Participation Self-Evaluation Sheet

Name: _____ Week of the ____ to the ____ of _____.

This evaluation sheet allows you to monitor your own participation in class week by week, and enables you and your instructor to address questions and comments to each other. The class participation point system is organized as follows:

1. Students receive a maximum of 5 points per day for participation (25 pts/week).

2. 5 points/day are automatically deducted for absences

3. Please rate your **daily** performance based on a scale of 0-5 and the following factors:

    0 = not assessable: absent or no participation at all

    1 = very poor: no attempt at speaking Spanish, negative attitude, unprepared and unmotivated, arrived late

    2 = mediocre: minimal attempt at speaking Spanish, apathetic attitude, somewhat prepared, arrived late

    3 = satisfactory: some attempt at speaking Spanish, sometimes volunteer to answer questions, somewhat prepared, or arrived late

    4 = good: usually speak Spanish, volunteer often to answer questions, motivated and well prepared, arrived on time

    5 = commendable: speak **only** Spanish, positive attitude, motivated, very well prepared, volunteer several times to answer questions, arrived on time

_____   _____   _____   _____   _____   _____
Mon   Tues   Wed   Thurs   Fri   TOTAL

Student /Instructor Comments:

_____
Student Signature and Date

_____
Instructor Signature and Date

Class Participation Self-Evaluation Sheet

Name: _____ Week of the _____ to the _____ of _____.

This evaluation sheet allows you to monitor your own participation in class week by week, and enables you and your instructor to address questions and comments to each other. The class participation point system is organized as follows:

1. Students receive a maximum of 5 points per day for participation (25 pts/week).

2. 5 points/day are automatically deducted for absences

3. Please rate your **daily** performance based on a scale of 0-5 and the following factors:

    0 = not assessable: absent or no participation at all

    1 = very poor: no attempt at speaking Spanish, negative attitude, unprepared and unmotivated, arrived late

    2 = mediocre: minimal attempt at speaking Spanish, apathetic attitude, somewhat prepared, arrived late

    3 = satisfactory: some attempt at speaking Spanish, sometimes volunteer to answer questions, somewhat prepared, or arrived late

    4 = good: usually speak Spanish, volunteer often to answer questions, motivated and well prepared, arrived on time

    5 = commendable: speak **only** Spanish, positive attitude, motivated, very well prepared, volunteer several times to answer questions, arrived on time

Mon	Tues	Wed	Thurs	Fri	TOTAL

Student /Instructor Comments:

_____
Student Signature and Date

_____
Instructor Signature and Date

Class Participation Self-Evaluation Sheet

Name: _____ Week of the _____ to the _____ of _____.

This evaluation sheet allows you to monitor your own participation in class week by week, and enables you and your instructor to address questions and comments to each other. The class participation point system is organized as follows:

1. Students receive a maximum of 5 points per day for participation (25 pts/week).

2. 5 points/day are automatically deducted for absences

3. Please rate your **daily** performance based on a scale of 0-5 and the following factors:

    0 = not assessable: absent or no participation at all

    1 = very poor: no attempt at speaking Spanish, negative attitude, unprepared and unmotivated, arrived late

    2 = mediocre: minimal attempt at speaking Spanish, apathetic attitude, somewhat prepared, arrived late

    3 = satisfactory: some attempt at speaking Spanish, sometimes volunteer to answer questions, somewhat prepared, **or** arrived late

    4 = good: usually speak Spanish, volunteer often to answer questions, motivated and well prepared, arrived on time

    5 = commendable: speak **only** Spanish, positive attitude, motivated, very well prepared, volunteer several times to answer questions, arrived on time

_____   _____   _____   _____   _____   _____
Mon   Tues   Wed   Thurs   Fri   TOTAL

Student /Instructor Comments:

_____
Student Signature and Date

_____
Instructor Signature and Date

Class Participation Self-Evaluation Sheet

Name: _____ Week of the _____ to the _____ of _____.

This evaluation sheet allows you to monitor your own participation in class week by week, and enables you and your instructor to address questions and comments to each other. The class participation point system is organized as follows:

1.   Students receive a maximum of 5 points per day for participation (25 pts/week).

2.   5 points/day are automatically deducted for absences

3.   Please rate your **daily** performance based on a scale of 0-5 and the following factors:

   0 = not assessable: absent or no participation at all

   1 = very poor: no attempt at speaking Spanish, negative attitude, unprepared and unmotivated, arrived late

   2 = mediocre: minimal attempt at speaking Spanish, apathetic attitude, somewhat prepared, arrived late

   3 = satisfactory: some attempt at speaking Spanish, sometimes volunteer to answer questions, somewhat prepared, or arrived late

   4 = good: usually speak Spanish, volunteer often to answer questions, motivated and well prepared, arrived on time

   5 = commendable: speak **only** Spanish, positive attitude, motivated, very well prepared, volunteer several times to answer questions, arrived on time

_____   _____   _____   _____   _____   _____
Mon   Tues   Wed   Thurs   Fri   TOTAL

Student /Instructor Comments:

_____
Student Signature and Date

_____
Instructor Signature and Date

Class Participation Self-Evaluation Sheet

Name: _____ Week of the _____ to the _____ of _____.

This evaluation sheet allows you to monitor your own participation in class **week by week**, and enables you and your instructor to address questions and comments to each other. The class participation point system is organized as follows:

1. Students receive a maximum of 5 points per day for participation (**25 pts/week**).

2. 5 points/day are automatically deducted for absences

3. Please rate your **daily** performance based on a scale of 0-5 and the following factors:

   0 = not assessable: absent or no participation at all

   1 = very poor: no attempt at speaking Spanish, negative attitude, unprepared and unmotivated, arrived late

   2 = mediocre: minimal attempt at speaking Spanish, apathetic attitude, somewhat prepared, arrived late

   3 = satisfactory: some attempt at speaking Spanish, sometimes volunteer to answer questions, somewhat prepared, or arrived late

   4 = good: usually speak Spanish, volunteer often to answer questions, motivated and well prepared, arrived on time

   5 = commendable: speak **only** Spanish, positive attitude, motivated, very well prepared, volunteer several times to answer questions, arrived on time

_____   _____   _____   _____   _____   _____
Mon   Tues   Wed   Thurs   Fri   TOTAL

Student /Instructor Comments:

_____
Student Signature and Date

_____
Instructor Signature and Date

Class Participation Self-Evaluation Sheet

Name: _____ Week of the _____ to the _____ of _____.

This evaluation sheet allows you to monitor your own participation in class week by week, and enables you and your instructor to address questions and comments to each other. The class participation point system is organized as follows:

1. Students receive a maximum of 5 points per day for participation (25 pts/week).

2. 5 points/day are automatically deducted for absences

3. Please rate your **daily** performance based on a scale of 0-5 and the following factors:

    0 = not assessable: absent or no participation at all

    1 = very poor: no attempt at speaking Spanish, negative attitude, unprepared and unmotivated, arrived late

    2 = mediocre: minimal attempt at speaking Spanish, apathetic attitude, somewhat prepared, arrived late

    3 = satisfactory: some attempt at speaking Spanish, sometimes volunteer to answer questions, somewhat prepared, or arrived late

    4 = good: usually speak Spanish, volunteer often to answer questions, motivated and well prepared, arrived on time

    5 = commendable: speak **only** Spanish, positive attitude, motivated, very well prepared, volunteer several times to answer questions, arrived on time

Mon	Tues	Wed	Thurs	Fri	TOTAL

Student /Instructor Comments:

_____
Student Signature and Date

_____
Instructor Signature and Date

Class Participation Self-Evaluation Sheet

Name: _____ Week of the _____ to the _____ of _____.

This evaluation sheet allows you to monitor your own participation in class week by week, and enables you and your instructor to address questions and comments to each other. The class participation point system is organized as follows:

1.   Students receive a maximum of 5 points per day for participation (**25 pts/week**).

2.   5 points/day are automatically deducted for absences

3.   Please rate your **daily** performance based on a scale of 0-5 and the following factors:

   0 = not assessable: absent or no participation at all

   1 = very poor: no attempt at speaking Spanish, negative attitude, unprepared and unmotivated, arrived late

   2 = mediocre: minimal attempt at speaking Spanish, apathetic attitude, somewhat prepared, arrived late

   3 = satisfactory: some attempt at speaking Spanish, sometimes volunteer to answer questions, somewhat prepared, or arrived late

   4 = good: usually speak Spanish, volunteer often to answer questions, motivated and well prepared, arrived on time

   5 = commendable: speak **only** Spanish, positive attitude, motivated, very well prepared, volunteer several times to answer questions, arrived on time

_____   _____   _____   _____   _____   _____
Mon   Tues   Wed   Thurs   Fri   TOTAL

Student /Instructor Comments:

_____
Student Signature and Date

_____
Instructor Signature and Date

Class Participation Self-Evaluation Sheet

Name: _____ Week of the _____ to the _____ of _____.

This evaluation sheet allows you to monitor your own participation in class week by week, and enables you and your instructor to address questions and comments to each other. The class participation point system is organized as follows:

1. Students receive a maximum of 5 points per day for participation (25 pts/week).

2. 5 points/day are automatically deducted for absences

3. Please rate your **daily** performance based on a scale of 0-5 and the following factors:

    0 = not assessable: absent or no participation at all

    1 = very poor: no attempt at speaking Spanish, negative attitude, unprepared and unmotivated, arrived late

    2 = mediocre: minimal attempt at speaking Spanish, apathetic attitude, somewhat prepared, arrived late

    3 = satisfactory: some attempt at speaking Spanish, sometimes volunteer to answer questions, somewhat prepared, or arrived late

    4 = good: usually speak Spanish, volunteer often to answer questions, motivated and well prepared, arrived on time

    5 = commendable: speak **only** Spanish, positive attitude, motivated, very well prepared, volunteer several times to answer questions, arrived on time

_____   _____   _____   _____   _____   _____

Mon   Tues   Wed   Thurs   Fri   TOTAL

Student /Instructor Comments:

_____
Student Signature and Date

_____
Instructor Signature and Date

Español
103

First Year Spanish
STUDENT BIOGRAPHICAL INFORMATION
(Please fill out this sheet and give it to your instructor)

Instructor's name:_____ Level: ❑101 ❑102 ❑103

❑110 ❑121 ❑122

❑123

Final Course Grade (to be filled in by instructor at end of quarter):_____

Name:_____ Quarter:_____

Major:_____ Phone#:_____ email:_____

Do you belong to a Special Program? ❑ Yes ❑ No   Which one? EOP _____

Athletics_____

ROTC _____

When/where have you taken Spanish?

<u>101</u>   <u>102</u>   <u>Other</u>

Quarter/Year:_____

Instructor: _____

Place: _____

% taught in Spanish:_____

What textbooks have you used?:_____

How many years of foreign language did you study in high school?:_____

What language(s)?:_____

Is a language required for you major? How much?

Should languages be a requirement for graduation? Why or why not?

Do you speak, read or write other languages (other than the one(s) mentioned above)? What is your level? Where did you learn it/them?

Why are you taking Spanish?

What aspects or issues related to Spanish-speaking countries interest you? (Be specific: politics of Central America, ecology of rain forests in South America, etc.).

What aspects of learning a language do you particularly enjoy?

What is the most difficult part of learning a language in you opinion?

Please tell us a little about yourself (i.e. interests, hobbies, family, travels, etc.)

¿Qué has hecho recientemente?

Copia Social
El Pretérito Perfecto

El pretérito perfecto se usa para expresar:
  ❑ un evento en el pasado <u>reciente</u>
      "Los alumnos *han estudiado* mucho recientemente."

Haz preguntas a tus compañeros de clase usando la información en cada frase. Pregunta en la segunda (2a) persona, la otra persona contesta en la primer (1a) persona y tú escribes la información en la tercera (3a) persona. Las frases pueden ser afirmativas o negativas.

COMENCEMOS...

1. _____ _____(ver) muchas películas indecentes recientemente.

2. _____ _____ (ser) muy egoísta (*selfish*) con sus amigos.

3. _____y_____ [comportarse (*behave*)] como el caballo en las fiestas.

4. _____ _____ (escribir) *graffiti* en las paredes de los baños.

5. _____y_____ (decir) chismes maliciosos acerca de sus compañeros de clase.

6. _____ _____ (identificarse) con la personalidad del cerdo.

7. _____ _____ (besar) a Tom Cruise.

8. _____ _____ (pasar) mucho tiempo últimamente con gente que tiene la personalidad de la rata.

El pretérito perfecto
Bingo humano

escuchar el último disco de Pearl Jam Nombre:	atreverse a cantar en púbico Nombre:	asistir a clase todos los días Nombre:
probar una comida típica de España Nombre:	escribirle un mensaje electrónico al profesor/a Nombre:	visitar un país hispano Nombre:
darse cuenta de que el novio/la novia estaba saliendo con otras personas Nombre:	tener una mascota (*pet*) Nombre:	visitar un país hispano Nombre:
entregar todas las tareas de español Nombre:	portarse mal con su familia Nombre:	vivir en otro estado Nombre:

El horóscopo chino
Bingo humano

Nota: Antes de buscar compañeros que llenen la descripción del Bingo, debes rellenar el segundo espacio en blanco con el nombre del animal que tiene las características descritas. Después, debes buscar a un compañero que también tenga esas características, es decir, que sea similar, y escribir su nombre en el primer espacio en blanco.

Mi compañero/a _____, es como _____ porque es paciente.	Mi compañero/a _____, es como _____ porque es rebelde y autoritario/a.	Mi compañero/a _____, es inteligente y cerebral como _____.
Mi compañero/a _____, es encantador(a) como _____. Se lleva bien con todos.	Mi compañero/a _____, es chismoso/a como _____. ¡No le digas secretos!	Mi compañero/a _____, es creador(a) e imaginativo/a como _____.
Mi compañero/a _____, es discreto/a como _____. Siempre puedes confiar en él/ella.	Mi compañero/a _____, siempre tiene la razón porque es cabezón(a) como _____.	Mi compañero/a _____, es perfeccionista como _____.

Horóscopo chino

¿Opinas que el horóscopo chino es correcto?   SÍ   NO

¿Cuál es tu signo? _____

¿Cuáles son las características de tu animal?

_____

¿Se te aplican las características de tu signo? Explica.

_____

_____

Pregúntales a cinco compañeros qué características tienen sus signos y con esa información decide qué animal del horócopo chino es.

Características: Signo:

_____   _____

_____   _____

_____   _____

_____   _____

_____   _____

El objeto directo y el sujeto

Subraya el <u>sujeto</u> y el <u>objeto directo</u>. Después reescribe las frases con pronombres en lugar de sustantivos.

1. Los estudiantes aceptan la prueba.

_____

2. La gente elige al candidato.

_____

3. Los candidatos dicen cosas ridículas.

_____

4. Ella tiene el libro de matemáticas.

_____

5. Yo veré a mis amigos en la fiesta.

_____

6. Tú quieres a Pepito.

_____

7. Mi madre nos mira.

_____

Pronombres Sujeto	Objeto Directo	Objeto Indirecto	Reflexivo
Yo	Me	Me	Me
Tú	Te	Te	Te
Él/Ella/Ud.	Lo/La	Le	Se
Nosotros	Nos	Nos	Nos
Vosotros	Os	Os	Os
Ellos(as)/Uds.	Los/Las	Les	Se

Sujetos y objetos

1.   El sujeto, el objeto directo y el objeto indirecto tienen funciones gramaticales muy diferentes. Para poder comprender y expresar una idea correctamente es necesario poder identificarlos y/o distinguirlos.

Sujeto:	realiza la acción
Objeto directo:	recibe la acción directa del verbo
Objeto indirecto:	recibe el objeto directo

Ejemplos: (Yo) le compré un chocolate a mi hermana.

   sujeto: yo
objeto directo: un chocolate
objeto indirecto: le = a mi hermana (mi hermana recibe el chocolate)

(Tú) le das sardinas al gato.

   sujeto: tú
objeto directo: sardinas
objeto indirecto: le = al gato (el gato recibe las sardinas)

Pepe me da un abrazo todos los días.

   sujeto: Pepe
objeto directo: un abrazo
objeto indirecto: me = a mí (yo recibo el abrazo)

2.   Hay unos verbos muy especiales porque siempre requieren objetos indirectos pero no tienen objetos directos. Algunos de estos verbos son:

   gustar   *dar miedo*
   fascinar   *dar asco*
   aburrir   *encantar*
   importar

Ejemplos: Al gato le gustan las sardinas.   Me dan miedo los leones.

   sujeto: las sardinas   sujeto: los leones
objeto directo: NO HAY   objeto directo: NO HAY
objeto indirecto: le = al gato   objeto indirecto: me = a mí

3.   Otros verbos tienen el objeto directo IMPLÍCITO y por esa razón solamente se escribe el indirecto. Algunos de estos verbos son:

   hablar   *decir*   *gritar*

Ejemplos: Ayer le hablé a mi madre.   Nunca les grito a mis compañeros.

   sujeto: yo   sujeto: yo
objeto directo: (palabras)   objeto directo: (palabras)
objeto indirecto: le = a mi madre   objeto indirecto: les = a mis compañeros

Repaso de los pronombres de OD/OI y el condicional

En todas sus oraciones usen el condicional, un verbo de la lista y el animal que les indique su profesor/a.

Necesitan objeto directo	Necesitan objeto indirecto
acariciar	limpiar los dientes
escuchar	dar mucho trabajo
bañar	dar _____ para comer
querer	causar problemas
sacar de paseo	comprar _____
llevar al veterinario	poner el nombre de _____
abandonar	estropear los muebles
saludar por la mañana	lamer _____
peinar	contar secretos
besar	poner una correa (*leash*)
dejar solo/a en _____	enseñar trucos

1.- Escriban **dos** cosas que Uds. harían y **dos** cosas que **no** harían si tuvieran el animal que les mencionó el profesor.

Ejemplo: *Nosotros no les enseñaríamos trucos a los conejos.*

_____
_____
_____
_____
_____
_____

2.- Escriban **dos** cosas que este animal les haría a Uds. y **dos** cosas que nunca les haría.

Ejemplo: *Un conejo no nos abandonaría nunca.*

_____
_____
_____
_____
_____
_____

Verbos que expresan reacciones, emociones y sentimientos:

gustar	importar	dar miedo
entretener	asustar	dar asco
Aburrir	molestar	dar miedo
fascinar	interesar	

3.- ¿Cómo reaccionarían las siguientes personas si tuvieran (*had*) que cuidar a ese animal por una semana? ¿Les gustaría o tendrían una reacción negativa?

Ejemplo: *A un niño pequeño le fascinaría un conejo, porque es suave y divertido.*

¿A una señora que vive sola en un piso?

_____

¿A unos niños de 5 años?

_____

¿A una persona que defiende los derechos de los animales?

_____

¿A ustedes?

_____

4.- Ahora piensen por un momento en los sentimientos y reacciones de ese animal. ¿Qué cosas (actividades, situaciones, tipo de comida o vivienda, etc.) le gustarían y qué cosas no le gustarían a ese animal?

Ejemplo: *A los conejos les fascinaría una casa con jardín.*

_____

_____

_____

_____

_____

EL VOCABULARIO DE VIAJES

Escribe una definición de los siguientes términos **en español.**

Ejemplo: Hacer la maleta: "Es la acción de preparar el equipaje para salir de viaje."

1. La asistente de vuelo: _____

_____

2. Facturar el equipaje: _____

_____

4. El avión: _____

_____

5. Hacer autostop: _____

_____

6. El pasajero: _____

_____

7. La demora: _____

_____

8. Marearse: _____

_____

Lotería humana

Usando la información de los cuadros, hazles las preguntas a 12 estudiantes. Cuando tengas tu hoja llena (*full*) de nombres, grita "¡Lotería!"

Comprar toda la ropa en Bon Marché Nombre:	Haber salido a la calle sin pantalones Nombrc:	Tener (imperfecto) muchas pijamas cuando (ser) niño/a Nombre:
Tener muchos jeans Nombre:	Haber llevado un suéter de seda Nombre	Llevar pantalones cortos durante el verano Nombre:
Comprar ropa cara Nombre:	Llevar ropa barata todo el tiempo Nombre:	Haberse vestido de rojo alguna vez Nombre:
Vestirse en 10 minutos algunas mañanas Nombre:	Haber llevado una chaqueta de cuero a la escuela alguna vez Nombre:	Comprar sólo ropa de algodón Nombre:

¿Sabías que...?

I. Lee la sección ¿Sabías que...? de la página 430 y contesta las siguientes preguntas.

1. La forma femenina de algunas profesiones   **C**   **F**
   es poblemática en español.

2. En inglés las profesiones generalmente indican el sexo de   **C**   **F**
   la persona.

3. La academia dice que las profesiones deben decirse en   **C**   **F**
   femenino cuando se aplican a las mujeres.

4. En español es posible *no* indicar el sexo de una persona   **C**   **F**
   cuando se habla de profesiones.

5. Algunos hispanohablantes dicen **la piloto** o **la médico.**   **C**   **F**

Escribe tres profesiones que indican el sexo de la persona **en inglés.**

_____

_____

_____

Según la doctrina académica, ¿cómo se dirían **médico** o **piloto** aplicados a una mujer?

_____   _____

II. Ahora lee la sección ¿Sabías que...? de la página 450.

1. ¿Por qué se dice que en el mundo hispano el futuro está en manos de las
   mujeres?

_____

_____

2. ¿Qué significa el término "machista"?

_____

_____

3. ¿Qué muestran *(show)* las estadísticas de empleo más recientes?

_____

_____

4. ¿A qué campos profesionales están entrando las mujeres en países como México, Costa Rica y España?

_____

Los estereotipos en el mundo del trabajo

Son muy comunes las ideas estereotipadas sobre los individuos que tienen ciertas profesiones, que forman parte de cierto grupo o que tienen cierto origen étnico. En general, la mayoría de los estereotipos se basan en opiniones equivocadas, aunque a veces hay un poco de verdad en algunos de ellos. Lo peor es juzgar a una persona basándose en un estereotipo.

Paso 1:   En grupos de 3 personas, describan a los individuos de uno de estos grupos. Deben basar su descripción en lo que ustedes saben de estos grupos y en la presentación de ellos en la televisión y en las películas. ¡Ojo! Los estereotipos pueden ser positivos también.
- Los granjeros
- Los pintores
- Los cantantes de música rap
- Los obreros que trabajan en la construcción
- Los genios de las computadoras
- Los actores
- Los vendedores de coches

Paso 2:

A) ¿Conocen a alguna persona (amigo, familiar, persona famosa...) que corresponde con la imagen estereotipada de una determinada profesión? ¿Conocen a alguna persona que no corresponde para nada con esos estereotipos?

_____

_____

B) ¿Qué estereotipos creen que son más comunes en el mundo del trabajo? ¿Cuáles les molestan más? ¿Cuáles les parecen más injustos (*unfair*)? ¿Pueden pensar en algún ejemplo?
- Los estereotipos sobre la ropa
- Los estereotipos sobre la personalidad
- Los estereotipos sobre el prestigio
- Los estereotipos sobre la raza (*race*)
- Los estereotipos sobre el sexo
- Los estereotipos sobre la nacionalidad

_____

_____

C) ¿Qué estereotipos han perdido desde que llegaron a la universidad?

_____

_____

¿A qué profesión quieres dedicarte?

Entrevista a 5 compañeros de clase. Pregúntales "¿A qué profesión quieres dedicarte?"
Después pregunta "¿Por qué?" y escribe sus respuestas.

1. _____quiere dedicarse a la profesión de_____

_____porque _____

_____

2. _____quiere dedicarse a la profesión de_____

_____porque _____

_____

3. _____quiere dedicarse a la profesión de_____

_____porque _____ _____

_____

4. _____quiere dedicarse a la profesión de_____

_____porque _____

_____

5. _____quiere dedicarse a la profesión de_____

_____porque _____

_____

Perfil de un profesor sustituto

Busco a un profesor para dar mi clase el próximo trimestre. Es una clase de Español 103 en la Universidad de Washington. Es un curso de 10 semanas, cinco horas de clase por semana, más <u>muchas</u> horas de preparación.

Busco a una persona que:

- ◆ hable español perfectamente.
- ◆ tenga título universitario.
- ◆ sepa mucha gramática.
- ◆ sea responsable.
- ◆ esté interesada en la cultura hispana.

Nosotros, los estudiantes, buscamos una profesora que:

◆ _____

◆ _____

◆ _____

◆ _____

◆ _____

Deben usar por los menos 3 de las características de la página 431.

Un aviso en el periódico:

En grupos de 2 ó 3 escriban un aviso para el periódico. Puede ser un aviso para un novio/novia (los avisos personales), una casa, un compañero de casa, un coche, etc. Describan lo que busca usando el subjuntivo.

MODELO: Busco un novio que sea muy inteligente, que tenga mucho dinero y que me regale chocolate todos los días.

_____

_____

_____

_____

_____

_____

_____

Campos y ocupaciones

Escribe en español, en la primera columna, el campo asociado con las palabras que se te dan en inglés. Después escribe la o las profesiones asociadas con el campo en la segunda columna.

	el campo	la (s) profesión (es)
1. PSYCHOLOGY	_____	_____
2. ARCHITECTURE	_____	_____
3. SPORTS	_____	_____
4. SCIENCE	_____	_____
		_____
		_____
		_____
		_____
		_____
5. MEDICINE	_____	_____
		_____
		_____
6. POLITICS/ GOVERNMENT	_____	_____
	_____	_____
		_____
		_____
7. COMPUTER SCIENCE	_____	_____
		_____

El Subjuntivo

<u>Definición:</u>

¿Qué es el subjuntivo? Es una forma verbal, ¡PERO NO ES UN TIEMPO! Es parte de un sistema verbal que se llama "modo" (*mood or mode*). El modo verbal se refiere a cómo se califican las acciones en términos de "grados de realidad" (*degrees of reality*). Si una acción corresponde a una situación real, se usa el modo verbal que ya han estado estudiando, el indicativo (*most of the verb tenses we've studied up to now have been in the indicative mood. Indicative because they "indicate" or reflect a concrete, "real" situation*). Pero si una acción es hipotética o si no es una acción bien concreta, se usa el subjuntivo. Fíjense en que el término "subjuntivo" se deriva de la palabra "subjetivo" (*subjective*) porque usamos el subjuntivo cuando hablamos desde una perspectiva subjetiva. Justo como el indicativo, el modo subjuntivo se divide en tiempos: presente, pasado y tiempos compuestos (*compound tenses*) también.

<u>¿Cómo se usa?</u>

Aquí estudiamos el uso dentro de cláusulas adjetivales con antecedente indeterminado, indefinido o desconocido. Por ejemplo, en la frase:

Necesito encontrar a alguien que hable hebreo

(I need to find someone who speaks Hebrew),

el verbo de la cláusula adjetival (*the adjective clause that describes the person/antecedent*) está en el subjuntivo (hab**le**, no hab**la**) porque el antecedente es indefinido o desconocido (alguien/*someone*). Si el antecedente es indeterminado o desconocido, no sabemos si existe o no, y esta condición de "no saber" requiere el subjuntivo porque el antecedente no es "real" en ningún sentido. Compara la frase de arriba con ésta:

Conozco a alguien que hab**la** hebreo.

¿Por qué está en el indicativo el verbo *hablar* y no en el subjuntivo?

<u>¿Cómo se forma?</u>

Normalmente la base es la forma de yo del presente indicativo. Si es un verbo -ar, la vocal se convierte en [e]. Si es un verbo -er o -ir, la vocal se convierte en [a].

Ejemplos: estudie, hable, maneje, corra, coma, haga, viva, salga, diga...

¿Cuáles son los infinitivos de estos verbos? ¿Cuál es la forma de yo?

El subjuntivo

	INFINITIVO	Forma YO del PRESENTE IND.	Presente del SUBJUNTIVO
1.	hablar	_____	_____
2.	comer	_____	_____
3.	vivir	_____	_____
4.	tener	_____	_____
5.	decir	_____	_____
6.	permitir	_____	_____
7.	hacer	_____	_____
8.	comprender	_____	_____
9.	trabajar	_____	_____
10.	compartir	_____	_____
11.	ser	_____	_____
12.	llamar	_____	_____
13.	haber	_____	_____
14.	saber	_____	_____
15.	poder	_____	_____

HOLA COMPAÑEROS

Hazle preguntas a tus compañeros para ver quién o quiénes llenan las descripciones. Anota sus nombres en el primer espacio. Por último, escribe la forma correcta de los verbos entre paréntesis. ¡Cuidado con el subjuntivo!

1. _____ _____ (buscar) a un/a esposo/a que

   _____ (estudiar) arquitectura.

2. _____ _____ (conocer) a ningún monje que

   _____ (hablar) cinco lenguas.

3. _____ _____ (conocer) a alguien que

   _____ (trabajar) en el gobierno.

4. _____ _____ (tener) un/a amigo/a que

   _____ (ganar) mucho dinero.

5. _____ y yo _____ (saber) de alguien que

   _____ (trabajar) como profesor de español.

6. _____ _____ (saber) de una persona que

   _____ (cantar) ópera.

7. _____ _____ (conocer) a una persona que

   _____ (conocer) Costa Rica.

HOLA COMPAÑEROS

Completa las siguientes frases. Recuerda que en algunos casos es necesario el INDICATIVO y en otros el SUBJUNTIVO.

1. No es cierto que... _____

2. No creemos que... _____

3. Es cierto que... _____

4. Dudamos que... _____

5. No es dudoso que... _____

6. Es posible que... _____

7. No creo que... _____

8. Es seguro que... _____

9. No creemos que... _____

10. Es probable que... _____

A. Escribe el verbo en el subjuntivo del presente o en el futuro (ir a + infinitivo), según corresponda.

1. Tan pronto como Katy _____(tener) la oportunidad, _____(viajar) a Ecuador.

2. Después de que Katy _____(conocer) México, _____(gustarle) la comida.

3. Eileen no _____(ver) justicia hasta que una mujer _____(llegar a ser) presidente.

4. Tan pronto como se _____(eliminar) las armas nucleares, Kelly _____ (estar) alegre.

5. En cuanto Karissa y Rayna _____(recibir) el diploma, _____(ir) de vacaciones.

6. Rayno no _____(poder pagar) sus préstamos hasta que _____(obtener) un buen puesto.

7. Tan pronto como _____(terminar) sus clases, Hillary _____(estudiar) Inglaterra.

8. Hasta que _____(aprobar) el examen de conducir, Matthew no_____ (recibir) su licencia.

9. Después de que nosotros _____(terminar) con esta actividad, _____ (poder) hacer el examen.

10. Tan pronto como Casey y Kelly _____(graduarse), _____ (solicitar) a un programa de estudios de posgrado.

11. Andrew_____(trabajar) como médico en cuanto _____ (obtener) su doctorado.

12. En cuanto Marcie _____(ganar) la lotería, _____(comprar) una vaca y una propiedad en el campo.

13. Edward _____(considerar) vivir en Jamaica después de que _____ (saber) correr más rápido que todos los demás atletas.

14. Donelle _____(querer) enseñar en una escuela secundaria (o primaria) en cuanto _____(poder).

15. En cuanto las vacaciones _____(comenzar), Michelle

_____(reunirse) con su familia.

16. Tú _____(ponerse) feliz en cuanto _____(acabar) con esta

_____(reunirse) con su familia.

17. Nosotros siempre _____(hablar) de política cuando _____ (estar)

con nuestra familia.

B. Llena los espacios en blanco con el verbo en el subjuntivo, indicativo o infinitivo, según corresponda.

1. Marcie quiere un trabajo en el que _____ (ganar) mucho dinero y

_____ (tener) muchas responsabilidades.

2. Ella también prefiere un trabajo en el que _____ (poder) ayudar a

muchas personas y que _____ (permitirle) dormir bastante.

3. Marcie quiere _____(poder escuchar) a la gente con problemas

pero prefiere un puesto que no _____ (requerir) muchas horas de

trabajo.

4. Es necesario _____ (solicitar) un buen trabajo que

_____ (incluir) lo anterior.

5. En este momento, yo tengo un trabajo que me _____ (hacer)

trabajar mucho y que me _____ (pagar) poco.

6. Por supuesto que me gustaría un trabajo que me _____ (dar)

muchos beneficios.

7. Para obtener un buen trabajo es necesario _____ (saber)

expresarse bien, _____ (tener) don de gentes, y

_____ (tener) todas las características de una persona simpática,

inteligente y eficiente.

8. Mis hermanos y yo generalmente _____ (hablar) sobre el futuro

cuando _____ (estar) juntos.

9. Yo nunca _____ (entrar) en la clase después de que el profesor

_____ (llegar) a la sala.

10.   Los estudiantes _____ (molestarse) cuando el profesor los

       _____ (criticar) demasiado.

C. Termina las siguientes oraciones de manera adecuada.

1.   Una jugadora de fútbol debe _____.

2.   Una escultora debe _____.

3.   Un enfermero debe _____.

4.   Un periodista debe _____.

5.   Quiero un puesto en el que _____.

El hogar electrónico

Algunas características de las casas "inteligentes":

La llegada

_____

_____

_____

_____

El trabajo

_____

_____

_____

_____

Los aparatos

_____

_____

_____

_____

El tiempo libre

_____

_____

_____

_____

Vamos a ver - Hacia el año 2000

Piensa en seis avances tecnológicos y escribe a la par de cada uno tres resultados positivos y tres negativos.

Avance	Resultados (+)	Resultados (−)
1. _____	_____	_____
	_____	_____
	_____	_____
2. _____	_____	_____
	_____	_____
	_____	_____
3. _____	_____	_____
	_____	_____
	_____	_____
4. _____	_____	_____
	_____	_____
	_____	_____
5. _____	_____	_____
	_____	_____
	_____	_____
6. _____	_____	_____
	_____	_____
	_____	_____

LA CASA DE LOS ANIMALITOS

Vocabulario útil

Esta es una lista de palabras que te pueden servir para entender y contestar las preguntas a continuación.

extraño/a	*strange*	en broma	*as a joke*
la pareja	*pair*	empollón (empollona)	*bookworm (coll.)*
la yegua	*mare*	dura/a	*hard, tough*
el cobrador	*bill collector*	despistado	*absent-minded*

Anticipación

En este reportaje se presenta una extraña familia que vive rodeada de animales. Nos recuerdan la historia bíblica del Arca de Noé. Primero, toda la clase puede hacer esta actividad: el juego de las parejas. Un(a) estudiante dice el nombre de un animal macho y otra persona tiene que decir el nombre de la hembra. Así continúan hasta que no sepan (*know*) más. (Recuerda que en español hay animales cuyo sexo se distingue por la terminación o-a [perro/a]. A otros simplemente se les añade la clarificación macho-hembra [serpiente macho, serpiente hembra] o finalmente tienen nombres muy distintos [caballo, yegua]).

Mientras veas

Pon atención al reportaje para contestar las preguntas a continuación.
1. ¿Cuántos días a la semana tiene que limpiar la casa esta familia?_____

   ¿Por Cuántas horas lo tiene que hacer? _____

2. Hasta ahora, ¿se han quejado los vecinos?   ❏Sí   ❏No

3. ¿Cuántas lechugas diarias consumen los animalitos?_____

4. ¿Qué tipo de "animalito" quiere tener el señor de la casa para asustar a los

   cobradores?_____

5. ¿Crees tú que el señor dice esto en serio o en broma?_____

Después de ver

¡Juguemos otra vez! En grupos de tres estudiantes van a hacer asociaciones entre los siguientes personajes universitarios y los animales. Tienen que justificar su selección con tres adjetivos que identifiquen el animal con la persona.

	ANIMAL	JUSTIFICACIÓN (Adjetivos)

1. el estudiante empollón (la estudiante empollona)

2. un profesor duro (una profesora dura)

3. un profesor despistado (una profesora despistada)

4. el atleta universitario (la atleta universitaria)

5. un entrenador (una entrenadora) de deportes universitario/a

LA ARTESANA FLORISTA

Vocabulario útil

Esta es una lista de palabras que te pueden servir para entender y contestar las preguntas a continuación.

artesana(adj)   *craft*   la artesanía   *craftmanship*
la artesana   *craftswoman*

Anticipación

Vas a ver un reportaje sobre un trabajo artesanal. ¿Sabes cuál es la artesanía típica de tu área o región? ¿Quiénes la hacen, los hombres, las mujeres o los dos? ¿Qué materiales se emplean? Pregunta ahora a otros compañeros cuáles son los productos artesanales típicos de su región y compáralos.

Mientras veas

Fíjate en las siguientes opiniones de esta artesana y explica con tus propias palabras lo que ella explica sobre el arte artesanal.

1. Hay muy pocos artesanos entusiastas. _____

_____

2. El artesano vive sin tiempo, sin reloj. _____

_____

3. El artesano no tiene el vicio lucrativo, trabaja por trabajar. _____

_____

Después de ver

¿Cuál es tu flor favorita? Explica con tres adjetivos por qué te gusta especialmente esa flor.

Me gustan las _____ porque son _____,

_____ y _____.

Ahora busca a otros estudiantes que coincidan en la elección de tu flor favorita o en las características de la misma. ¡Pídeles que firmen aquí!

1. _____

2. _____

3. _____

4. _____

5. _____

ASTRONAUTAS ESPAÑOLES

Vocabulario útil

Esta es una lista de palabras que te pueden servir para entender y contestar las preguntas a continuación.

| el autodominio | *self-control* | la mejora | *improvement* |
| tardar | *to take (time)* | la guerra | *war* |

Anticipación

En este reportaje se presenta a un grupo de jóvenes españoles que han sido seleccionados para un proyecto espacial europeo. ¿Cuáles son, a tu juicio, las características que debe presentar el currículum de un buen (una buena) astronauta? Numera los siguientes puntos del 1 al 5 por orden de importancia, según tu criterio. El 1 es de máxima importancia.

_____ excelente nivel de conocimientos científicos

_____ excelente estado de salud física

_____ excelente estado de salud psíquica

_____ autodominio ante situaciones difíciles

_____ experiencia como piloto de aviación

Mientras veas

En el reportaje se enumeran las cualidades que se ha exigido a estos jóvenes para ser elegidos. De la lista a continuación, indica con una X las que oigas en el reportaje.

1. ☐ saber al menos tres idiomas
2. ☐ tener entre 27 y 37 años
3. ☐ estar psíquicamente sano/a
4. ☐ tener un buen currículum deportivo
5. ☐ demostrar autodominio en situaciones difíciles

Después de ver

¿Crees que es posible que haya vida en otro planeta? Y si es así, ¿qué tipo de vida crees que puede existir, humana, vegetal o animal? Si la vida existiera en otras partes, ¿dónde estaría? ¿En nuestro sistema solar? ¿En otros sistemas? ¿Cuánto tiempo crees que puede tardar el hombre en encontrarse con "otros mundos"? Si este encuentro se realiza, ¿crees que será beneficioso o perjudicial para los seres humanos? ¿Provocará mejoras o provocará guerras? En grupos de tres estudiantes comenten todas estas ideas y apunten sus conclusiones para luego compararlas con las del resto de la clase.

EL TREN DE ALTA VELOCIDAD

Vocabulario útil

Esta es una lista de palabras que te pueden servir para entender y contestar las preguntas a continuación.

la red ferroviaria	*railway system*	la instalación	*equipment*
la hora punta	*rush hour*	alcanzar	*to reach*
cómodo/a	*comfortable*	la calefacción	*heating*

Anticipación

El reportaje que vas a ver trata de uno de los trenes más modernos del mundo, el TGV. Por cierto, ¿qué opinas de la red ferroviaria de tu país? Evalúa este servicio según los siguientes aspectos.

	Sí	No
1. moderno	❏	❏
2. económico	❏	❏
3. eficiente: puntualidad en llegadas y salidas servicios más frecuentes en horas punta	❏	❏
4. cómodo en instalaciones	❏	❏
5. recorridos convenientes en un tiempo razonable	❏	❏

Mientras veas

Paso 1: Fíjate en el reportaje para completar la siguiente información sobre el TGV.

1. Usa energía no contaminante y consume _____ veces menos que el transporte por carretera y _____ menos que el transporte aéreo.

2. El nivel de ruido es _____ al transporte por carretera.

3. Alcanza una velocidad de _____ kilómetros a la hora aunque se ha alcanzado una cifra récord de _____ kilómetros a la hora.

Paso 2. El reportaje explica que, aunque el TGV es un tren muy moderno, no es un tren de lujo. Indica con una X los argumentos que se mencionan en el reportaje para demostrarlo.

1. ❏ La gente no paga por este servicio.
2. ❏ Los servicios que ofrece el tren no son de lujo.
3. ❏ Los trenes TGV cuestan lo mismo que un tren convencional.
4. ❏ Sólo un 27% de los pasajeros del TGV tienen que pagar suplemento a las horas punta.

Después de ver

En grupos de tres estudiantes van ahora a diseñar un plan para mejorar el transporte público de su universidad. Completen esta información sobre las modificaciones que van a hacer en los siguientes puntos.

1. modificaciones en el precio:_____

_____

2. modificaciones en el recorrido:_____

_____

3. modificaciones en el horario:_____

_____

4. instalaciones obligatorias: calefacción, aire acondicionado, etc.:_____

_____

5. otras modificaciones:_____

_____

Repaso para el examen parcial de 103

A. Escribe una frase completa usando una de las siguientes expresiones en cada caso y un pronombre de objeto indirecto.

dar miedo   dar asco   hacer sentir bien   hacer compañía

1. A una persona que vive sola un gato_____

_____

2. A un bebé un San Bernardo enorme_____

_____

3. A una persona muy refinada una serpiente_____

_____

B. Escribe frases con los siguientes elementos usando pronombres de objeto directo e indirecto y los siguientes elementos. También usa el condicional.

1. A un león/yo/no (pronombre)/acostar/en mi cama

_____

2. A un perro/la gente/(pronombre)/lavar/los dientes

_____

3. Un elefante/(pronombre de nosotros)/dar/miedo

_____

4. Los perros/(pronombre de ellos)/fascinar/a los niños/porque/ellos/ser/animales maravillosos

_____

5. Si hubiera muchas abejas dentro de mi casa ellas/(pronombre de yo)/dar/terror

_____

6. A un hamster/mi hermano/(pronombre de él)/bañar

_____

C. Expresa tu reacción a los siguientes animales usando un pronombre de objeto directo y un verbo de la lista.

        tolerar   acariciar   querer   bañar   sacar de mi cuarto

1. ¿Un gato?_____

2. ¿Un perro?_____

3. ¿Un escorpión?_____

4. ¿Un dragón?_____

5. ¿Un cerdo?_____

D. Escribe un párrafo sobre los siguientes temas.

1. Explica las características del sentido de orientación de las abejas.

_____

_____

_____

_____

_____

2. Explica algunas de las diferencias en la manera de saludar entre los hispanos y los anglosajones.

_____

_____

_____

_____

_____

Repaso

1. Si pudieras ser (*could be*) un elefante, ¿cuál escogerías, macho, hembra o cría? ¿Por qué? ¿Qué cosas harías todos los días? Explica en 3-4 oraciones, usando el CONDICIONAL.

_____

_____

_____

_____

2. Piensa en una persona de tu familia. Según el horóscopo chino que corresponde al año de su nacimiento, ¿cómo es esa persona? ¡OJO! Ten cuidado con la concordancia.

_____

_____

¿Hay otros adjetivos que lo/la describen mejor? Explica con 2-3 oraciones.

_____

_____

_____

3. ¿Qué efecto tienen estos animales en las personas? Contesta usando un pronombre de objeto indirecto y **dos** expresiones diferentes de la lista.

dar miedo/asco	entretener	hacer compañía
aburrir	molestar	causar problemas

a) A las personas en la vejez, un gato _____

_____

b) A un niño pequeño, un loro _____

_____

c) A mí, una salamandra _____

_____

4. Explica cómo tratas tú a los animales mencionados, refiriéndote al animal con un pronombre de objeto directo y un verbo de la lista.

acariciar   bañar   querer   detestar   observar

¿A unos peces?

_____

¿A un hamster?

_____

¿A una serpiente?

_____

5. Explica 3 cosas que has hecho este fin de semana. Usa el **pretérito perfecto**.

_____

_____

_____

6. En grupos de 3-4 personas escriban:
a) Dos oraciones C/F sobre las lecturas y "*boxes*" de esta unidad.
   Ejemplo: Los aztecas y mayas admiraban al león.   C   F

_____   C   F

_____   C   F

b) Dos oraciones C/F con los adjetivos que describen la personalidad (lección 13)
   Ejemplo: Una persona discreta no puede guardar un secreto.   C   F

_____   C   F

_____   C   F

c) La definición de dos palabras del vocabulario que les va a indicar la profesora

_____

_____

7. Usando el mapa de Cáceres, sigue las instrucciones e indica cuál es el destino. Estás en el Palacio de Galarza (61). Sigue derecho dos cuadras por la calle General Exponda. En la esquina, dobla a la derecha y sigue por una cuadra. Camina un poco más y cruza la bocacalle con S. Garrido. Sigue derecho y pasa por la Puerta del Postigo (52). Dobla a la izquierda y sigue por dos cuadras. En la esquina, gira a la derecha. Camina un poco más, el edificio que buscas queda a tu derecha. ¿Cuál es?

Cáceres

LEYENDA DEL PLANO

1 TORRE DE BUJACO (XII)
2 ERMITA DE LA PAZ (XVI) Reconstruida en el siglo XVIII
3 ARCO DE LA ESTRELLA Puerta nueva (Siglo XVIII sobre construcción del siglo XV)
4 TORRE DE LOS PULPITOS (XV)
5 PALACIO DE MAYORALGO (XVI)
6 PALACIO EPISCOPAL (XIII al XVIII)
7 PALACIO TOLEDO - MOCTEZUMA (XVI)
8 TORRE DE ESPADEIROS (XIV y XV)
9 CASA Y TORRE DE CARVAJAL Patronato de Turismo Siglo XV y XVI
10 IGLESIA DE LOS OVANDO (XVI)
11 PALACIO DE LOS GOLFIN ROCO (XVI)
12 IGLESIA DE SANTA MARIA Concatedral Siglo XIV XVI
13 DIPUTACION PROVINCIAL Renacentista
14 CASA DE LOS GOLFINES DE ABAJO (XVI)
15 CASA DE LA BECERRA (XV)
16 IGLESIA DE SAN FRANCISCO JAVIER (XVIII)
17 CONVENTO DE LA COMPAÑIA DE JESUS - (XVIII)
18 CASA DE LAS VELETAS O LOS ALJIBES Casa del XVI Aljibe XII Museo Provincial
19 CASA DE LOS CABALLOS
20 CASA DE LOS CACERES OVANDO O PALACIO Y TORRE DE LAS CIGÜEÑAS (s XV)
21 CONVENTO DE SAN PABLO (XVI), Espadaña del XVII
22 CASA DE LOS PEREROS (XV y XVI)
23 CASA DE LOS SANCHEZ PAREDES (XVI) Reformas en el siglo XVI y XX
24 PALACIO DEL COMENDADOR DE ALCUESCAR O DE LOS MARQUESES DE TORREORGAZ (XVI) Reforma en XV, XVI Parador de Turismo
25 HOSPITAL DE LOS CABALLEROS (XVI)
26 CASA DE LOS PAREDES SAAVEDRA (XV y XVI)
27 CASA DE LOS SOLIS O DEL SOL (XVI)
28 PRIMITIVO SOLAR DE LOS ULLOA (XIV al XVI)
29 CASA DE LORENZO DE ULLOA (XV)
30 IGLESIA DE SAN MATEO (XIV - XVIII)
31 CASA DE LOS SOLIS O DEL SOL (XVI)
32 MANSION DE LOS SANDE O CASA DEL AGUILA - (XVI)
33 CASA DE LOS SAAVEDRA Y TORRE DE LOS SANDE (XIV)
34 CASA DE ALDANA (XV) (15)
35 CASA DE OVANDO, MOGOLLON PERERO Y PAREDES (XIV)
36 ENFERMERIA DE SAN ANTONIO (XVI)
37 PALACIO DE LOS GOLFINES DE ARRIBA (XV)
38 CASA MUDEJAR (XIV)
39 PALACIO DE LOS CONDES DE ADANERO (XVI)
40 PALACIO DE LA GENERALA Facultad de Derecho Siglo XIV y XV
41 CASA DE ESPADERO PIZARRO O CASA DEL MONO (XVI) Cáceres, Andrada
42 CASA DE MORAGAS (XVI)
43 CASA DE LOS RIBERA (XV) Reformada en el siglo XIX Rectorado Universidad de Extremadura
44 TORRE OCHAVADA (XV)
45 ARCO DEL CRISTO Y TORRE DE LA PUERTA DEL CONCEJO O PUERTA DEL RIO (II)
46 ERMITA Y BARRIO JUDIO DE SAN ANTONIO (s XIII al XVI)
47 TORRE DE LOS POZOS O DEL GITANO Y TORRE CORRAJA O DE LOS ALJIBES
(XII)
48 TORRE MOCHADA Desmochada, Siglo XIII
49 TORRE REDONDA (XIII)
50 TORRE DE AVEROTE LA VED (XII)
51 TORRE DEFENSIVA (XII)
52 ARCO DE SANTA ANA O PUERTA DEL POSTIGO (XVIII)
53 TORRE DEL HORNO (XII)
54 FORO DE LOS BALBOS (XVI)
55 TORRE DE LA HIERBA O YERBA (XII)
56 OFICINA DE INFORMACION TURISTICA
57 AYUNTAMIENTO
58 IGLESIA DE SAN JUAN (XIII XV)
59 PALACIO DE LA ISLA (XVI)
60 CASA DEL MARQUES DE CAMARENA Colegio de Arquitectos
61 PALACIO DE GALARZA (XVI)
62 SANTO DOMINGO
63 AUDIENCIA s XVIII
64 PALACIO DE GODOY s XVI
65 IGLESIA DE SANTIAGO s XII XVI
66 PALACIO DE LOS CAPOTE SDE ABRANTES (XV y XVI)

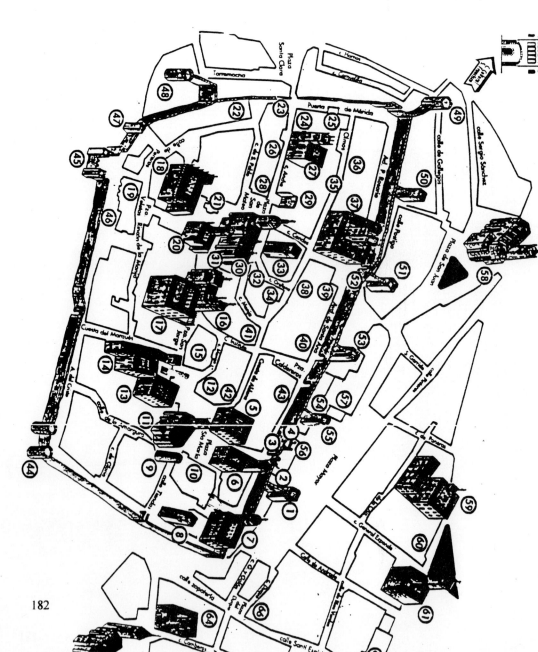

¡Refresca tu memoria!

1. Para el desayuno (los pronombres de OI con el verbo PONER y el pretérito).
Escribe dos oraciones con la siguiente información:
       a) qué tomaste esta mañana para el desayuno
       b) qué le pusiste a la comida y a la bebida que tomaste
       Ejemplo: Yo desayuné ensalada de frutas. **Le puse** <u>azúcar</u> **a mi ensalada.**

Yo:_____

_____

Después, entrevista a un compañero/a y anota su repuesta.

Mi compañero/a (nombre):_____

_____

2. ¿Te conoce bien tu compañero/a? (repaso de los verbos de la familia GUSTAR).
Escribe tres oraciones, dos ciertas y una falsa, usando los verbos **encantar, importar, interesar, gustar o apetecer** (no repitas ningún verbo). Léeles las oraciones a tu compañero/a ¿Puede él/ella adivinar (*guess*) cuál de las oraciones es falsa?

_____

_____

_____

Ahora, entre los dos, escriban una oración sobre **los gustos del profesor/a.** Luego Uds. le van a leer su oración a la profesora. Ella les va a decir si es cierto o no...

_____

3. Cosas de España (<u>se</u> impersonal, <u>se</u> pasivo y expresiones de obligación).
En grupos de tres personas escriban cuatro preguntas interesantes sobre aspectos de la comida, la cultura o las costumbres de España que les gustaría (*would like*) conocer.
Usen las expresiones de esta lista en sus preguntas:

hay que	se debe	se puede	se come/n
es necesario	es buena idea	se compra/n	se ve/n

Modelo: ¿Dónde se ven corridas de toros (*bullfights*)?

_____

_____

_____

_____

4. ¿Cuál es tu reacción? (los verbos pseudo-reflexivos).
Explica cómo reaccionas tú en las siguientes situaciones (usa el verbo **ponerse** y los verbos de la p. 265 del libro).
a. Si el teléfono suena a las tres de la mañana_____

b. Cuando estoy en una fiesta con personas que no conozco_____

c. Cuando Los Mariners pierden un partido_____

d. Cuando escucho a los políticos_____

5. Recomendaciones (vocabulario sobre las actividades para relajarse).
En grupos de 3/4 personas decidan qué actividades les recomendarían a personas que están en las siguientes situaciones:
a. A una persona que recién llegó a Seattle y no tiene amigos

_____

_____

b. A una persona que padece de estrés

_____

_____

c. A una persona que quiere hacer cosas que están de moda (*in style*)

_____

_____

6. (Tarea para mañana). En una hoja aparte, en 10-12 líneas, describe lo que hiciste durante estas vacaciones. Puedes hablar de un solo hecho especialmente interesante y divertido, o de varias cosas.
¡OJO! Repasa los verbos en pretérito y comprueba que no hay errores de conjugación en tu mini-composición.

Práctica para el examen final

A. ¿A qué se refiere?

Escucha las cuatro descripciones e indica a qué prenda o tela se refiere.

1. a. la falda   b. los pantalones   c. el vestido
2. a. la corbata   b. los jeans   c. el sombrero
3. a. la chaqueta   b. la camiseta   c. el suéter
4. a. el rayón   b. el cuero   c. el poliéster

B. ¿Qué profesión u ocupación es?

Escucha las cuatro descripciones e indica la respuesta correcta.

1. a. el astrónomo   b. el doctor
2. a. la granjera   b. la abogada
3. a. la terapeuta física   b. la farmacéutica
4. a. el contador   b. el gerente

C. Situaciones

Escucha las dos narraciones y completa cada oración con la respuesta correcta.

Situación 1:

1. La familia Córdoba está_____.
   - a. en un hotel barato.
   - b. en un motel.
   - c. en un hotel de lujo.
   - d. en una pensión.

2. Los señores Córdoba _____.
   - a. no hicieron reservaciones.
   - b. hicieron sus reservaciones con anticipación.
   - c. hacen sus reservaciones al llegar.

3. Lo que no se menciona es _____.
   - a. dónde encontrar varios servicios.
   - b. si la habitación tiene vista.
   - c. si hay botones.

Situación 2:

4. Mónica Silva _____:
   a. está trabajando
   b. está de vacaciones.

5. Mónica _____.
   a. viaja en autobús.
   b. viaja en avión.
   c. viaja en tren.

6. La profesión de Mónica _____.
   a. es la de contadora.
   b. es la de abogada.
   c. no se menciona.
   d. es la de modelo.

D. Escribe una definición para cada una de las siguientes palabras o frases:

1. La sala de espera:_____

   _____

2. Las reservaciones:_____

   _____

3. La cama sencilla:_____

   _____

E. ¿Y tu profesión ideal?

Describe brevemente tu profesión ideal. Usa el **CONDICIONAL** para describir qué responsabilidades *tendrías*, cómo *sería* tu jefe, cuántas horas *trabajarías* diariamente, etc. Escribe por lo menos cinco oraciones.

_____

_____

_____

_____

_____

F. El futuro

En tu opinión, ¿cómo será el futuro? Escribe dos frases acerca de los siguientes temas usando el tiempo **FUTURO.**

1. El SIDA:_____

_____

2. El ocio:_____

_____

G. Completa las siguientes frases con la respuesta correcta:

1. María tiene un coche que _____
   a. no funciona bien.   b. no funcione bien.

2. Ella va a conseguir otro coche mejor cuando_____
   a. tiene dinero   b. tenga dinero.

3. María siempre ha tenido coches que _____
   a. sean malos.   b. son malos.

4. Sus padres van a pagar la mitad del coche tan pronto como María_____
   a. tiene la otra mitad.   b. tenga la otra mitad.

H. Mi futuro

Completa las oraciones con una frase original.

1. Después de que yo _____

_____

2. Yo no me casaré hasta que _____

_____

I. Información cultural

1. ¿Cuáles son algunos avances del siglo XX que consideras importantes?

_____

2. ¿Cuáles son algunas de las características de la guayabera?

_____

Examen final
Guía de estudio y repaso

*Grammar Summary", pp 464-466 y notas de gramática
*Vocabulario
Lecturas, especialmente "¿Sabías que...?*" y Síntesis de "Vamos a ver"
*Repasar Pruebas de los capítulos 16 y 17
*Prueba de Práctica, capítulos 16-18

1. ¿Cómo será la vida en el futuro? En grupos de 3 personas, elijan dos temas de la lista en la página 457 y escriban dos oraciones acerca de cada tema, usando el *futuro* y verbos diferentes.

Tema1:_____

_____

_____

Tema 2:_____

_____

_____

De acuerdo con sus respuestas, ¿son Uds. optimistas o pesimistas sobre el futuro? ¿Hay algún tema que les preocupa especialmente y que no está incluido en el libro?

_____

_____

2. Piensa cómo será tu vida dentro de cinco años. Completa las oraciones, prestando atención al uso del **indicativo** y **subjuntivo.**

Dentro de cinco años es posible que yo_____

_____. Creo que_____,

_____, pero dudo que_____

_____

3. Imagina que recibes $10,000 dólares como regalo para tu graduación. Explica **tres** cosas que harías inmediatamente con ese dinero. Usa el *condicional* en tus oraciones.

_____

_____

_____

4. Imagina que con el dinero de la graduación decides hacer el viaje de tus sueños. ¿Cómo es el lugar de tu destino? ¿Qué harás allí? ¿Cuál es el alojamiento que prefieres? ¿Qué medio de transporte usarás? Completa el párrafo, prestando atención al uso del indicativo/subjuntivo.

En el viaje de mis sueños, me encantaría ir a un lugar en el que_____

_____ y _____.

Prefiero un alojamiento que_____,

por ejemplo _____. Para viajar, prefiero ir en

_____ porque _____.

5. ¿Qué profesión no sería apropiada para los siguientes personajes de la serie *Seinfeld*? Piensa cuáles son las cualidades que se necesitan en esa profesión, y justifica por qué no te parece apropriada para ese personaje.

George no sería un buen _____, porque _____

_____.

Kramer no sería un buen _____, porque _____

_____.

6. Con 2-3 compañeros, escribe una lista en orden cronológico de todas las cosas que necesita hacer una persona que va sola de vacaciones a Hawaii, desde que decide su destino hasta que llega a la habitación del hotel. Ganará el equipo que haga la lista más detallada. ¡Cuidado!: deben hacer esta actividad sin mirar el vocabulario en el libro.

Class Participation Self-Evaluation Sheet

Name: _____ Week of the _____ to the _____ of _____.

This evaluation sheet allows you to monitor your own participation in class week by week, and enables you and your instructor to address questions and comments to each other. The class participation point system is organized as follows:

1. Students receive a maximum of 5 points per day for participation (25 pts/week).

2. 5 points/day are automatically deducted for absences

3. Please rate your **daily** performance based on a scale of 0-5 and the following factors:

    0 = not assessable: absent or no participation at all

    1 = very poor: no attempt at speaking Spanish, negative attitude, unprepared and unmotivated, arrived late

    2 = mediocre: minimal attempt at speaking Spanish, apathetic attitude, somewhat prepared, arrived late

    3 = satisfactory: some attempt at speaking Spanish, sometimes volunteer to answer questions, somewhat prepared, or arrived late

    4 = good: usually speak Spanish, volunteer often to answer questions, motivated and well prepared, arrived on time

    5 = commendable: speak **only** Spanish, positive attitude, motivated, very well prepared, volunteer several times to answer questions, arrived on time

Mon	Tues	Wed	Thurs	Fri	TOTAL

Student /Instructor Comments:

_____
Student Signature and Date

_____
Instructor Signature and Date

Class Participation Self-Evaluation Sheet

Name: _____ Week of the ____ to the ____ of _____.

This evaluation sheet allows you to monitor your own participation in class week by week, and enables you and your instructor to address questions and comments to each other. The class participation point system is organized as follows:

1. Students receive a maximum of 5 points per day for participation (25 pts/week).

2. 5 points/day are automatically deducted for absences

3. Please rate your **daily** performance based on a scale of 0-5 and the following factors:

    0 = not assessable: absent or no participation at all

    1 = very poor: no attempt at speaking Spanish, negative attitude, unprepared and unmotivated, arrived late

    2 = mediocre: minimal attempt at speaking Spanish, apathetic attitude, somewhat prepared, arrived late

    3 = satisfactory: some attempt at speaking Spanish, sometimes volunteer to answer questions, somewhat prepared, or arrived late

    4 = good: usually speak Spanish, volunteer often to answer questions, motivated and well prepared, arrived on time

    5 = commendable: speak **only** Spanish, positive attitude, motivated, very well prepared, volunteer several times to answer questions, arrived on time

_____	_____	_____	_____	_____	_____
Mon	Tues	Wed	Thurs	Fri	TOTAL

Student /Instructor Comments:

_____
Student Signature and Date

_____
Instructor Signature and Date

Class Participation Self-Evaluation Sheet

Name: _____ Week of the _____ to the _____ of _____.

This evaluation sheet allows you to monitor your own participation in class week by week, and enables you and your instructor to address questions and comments to each other. The class participation point system is organized as follows:

1.   Students receive a maximum of 5 points per day for participation (**25 pts/week**).

2.   5 points/day are automatically deducted for absences

3.   Please rate your **daily** performance based on a scale of 0-5 and the following factors:

   0 = not assessable: absent or no participation at all

   1 = very poor: no attempt at speaking Spanish, negative attitude, unprepared and unmotivated, arrived late

   2 = mediocre: minimal attempt at speaking Spanish, apathetic attitude, somewhat prepared, arrived late

   3 = satisfactory: some attempt at speaking Spanish, sometimes volunteer to answer questions, somewhat prepared, **or** arrived late

   4 = good: usually speak Spanish, volunteer often to answer questions, motivated and well prepared, arrived on time

   5 = commendable: speak **only** Spanish, positive attitude, motivated, very well prepared, volunteer several times to answer questions, arrived on time

_____   _____   _____   _____   _____   _____
Mon   Tues   Wed   Thurs   Fri   TOTAL

Student /Instructor Comments:

_____
Student Signature and Date

_____
Instructor Signature and Date

Class Participation Self-Evaluation Sheet

Name: _____ Week of the _____ to the _____ of _____.

This evaluation sheet allows you to monitor your own participation in class week by week, and enables you and your instructor to address questions and comments to each other. The class participation point system is organized as follows:

1. Students receive a maximum of 5 points per day for participation (25 pts/week).

2. 5 points/day are automatically deducted for absences

3. Please rate your **daily** performance based on a scale of 0-5 and the following factors:

   0 = not assessable: absent or no participation at all

   1 = very poor: no attempt at speaking Spanish, negative attitude, unprepared and unmotivated, arrived late

   2 = mediocre: minimal attempt at speaking Spanish, apathetic attitude, somewhat prepared, arrived late

   3 = satisfactory: some attempt at speaking Spanish, sometimes volunteer to answer questions, somewhat prepared, or arrived late

   4 = good: usually speak Spanish, volunteer often to answer questions, motivated and well prepared, arrived on time

   5 = commendable: speak **only** Spanish, positive attitude, motivated, very well prepared, volunteer several times to answer questions, arrived on time

_____   _____   _____   _____   _____   _____
Mon   Tues   Wed   Thurs   Fri   TOTAL

Student /Instructor Comments:

_____
Student Signature and Date

_____
Instructor Signature and Date

Class Participation Self-Evaluation Sheet

Name: _____ Week of the _____ to the _____ of _____.

This evaluation sheet allows you to monitor your own participation in class week by week, and enables you and your instructor to address questions and comments to each other. The class participation point system is organized as follows:

1. Students receive a maximum of 5 points per day for participation (25 pts/week).

2. 5 points/day are automatically deducted for absences

3. Please rate your **daily** performance based on a scale of 0-5 and the following factors:

    0 = not assessable: absent or no participation at all

    1 = very poor: no attempt at speaking Spanish, negative attitude, unprepared and unmotivated, arrived late

    2 = mediocre: minimal attempt at speaking Spanish, apathetic attitude, somewhat prepared, arrived late

    3 = satisfactory: some attempt at speaking Spanish, sometimes volunteer to answer questions, somewhat prepared, or arrived late

    4 = good: usually speak Spanish, volunteer often to answer questions, motivated and well prepared, arrived on time

    5 = commendable: speak **only** Spanish, positive attitude, motivated, very well prepared, volunteer several times to answer questions, arrived on time

Mon	Tues	Wed	Thurs	Fri	TOTAL
____	____	____	____	____	____

Student /Instructor Comments:

_____
Student Signature and Date

_____
Instructor Signature and Date

Class Participation Self-Evaluation Sheet

Name: _____ Week of the _____ to the _____ of _____.

This evaluation sheet allows you to monitor your own participation in class week by week, and enables you and your instructor to address questions and comments to each other. The class participation point system is organized as follows:

1. Students receive a maximum of 5 points per day for participation (25 pts/week).

2. 5 points/day are automatically deducted for absences

3. Please rate your **daily** performance based on a scale of 0-5 and the following factors:

    0 = not assessable: absent or no participation at all

    1 = very poor: no attempt at speaking Spanish, negative attitude, unprepared and unmotivated, arrived late

    2 = mediocre: minimal attempt at speaking Spanish, apathetic attitude, somewhat prepared, arrived late

    3 = satisfactory: some attempt at speaking Spanish, sometimes volunteer to answer questions, somewhat prepared, or arrived late

    4 = good: usually speak Spanish, volunteer often to answer questions, motivated and well prepared, arrived on time

    5 = commendable: speak **only** Spanish, positive attitude, motivated, very well prepared, volunteer several times to answer questions, arrived on time

_____	_____	_____	_____	_____	_____
Mon	Tues	Wed	Thurs	Fri	TOTAL

Student /Instructor Comments:

_____
Student Signature and Date

_____
Instructor Signature and Date

Class Participation Self-Evaluation Sheet

Name: _____ Week of the _____ to the _____ of _____.

This evaluation sheet allows you to monitor your own participation in class week by week, and enables you and your instructor to address questions and comments to each other. The class participation point system is organized as follows:

1.   Students receive a maximum of 5 points per day for participation (25 pts/week).

2.   5 points/day are automatically deducted for absences

3.   Please rate your **daily** performance based on a scale of 0-5 and the following factors:

   0 = not assessable: absent or no participation at all

   1 = very poor: no attempt at speaking Spanish, negative attitude, unprepared and unmotivated, arrived late

   2 = mediocre: minimal attempt at speaking Spanish, apathetic attitude, somewhat prepared, arrived late

   3 = satisfactory: some attempt at speaking Spanish, sometimes volunteer to answer questions, somewhat prepared, or arrived late

   4 = good: usually speak Spanish, volunteer often to answer questions, motivated and well prepared, arrived on time

   5 = commendable: speak **only** Spanish, positive attitude, motivated, very well prepared, volunteer several times to answer questions, arrived on time

____	____	____	____	____	____
Mon	Tues	Wed	Thurs	Fri	TOTAL

Student /Instructor Comments:

_____
Student Signature and Date

_____
Instructor Signature and Date

Class Participation Self-Evaluation Sheet

Name: _____ Week of the ____ to the ____ of _____ .

This evaluation sheet allows you to monitor your own participation in class week by week, and enables you and your instructor to address questions and comments to each other. The class participation point system is organized as follows:

1. Students receive a maximum of 5 points per day for participation (25 pts/week).

2. 5 points/day are automatically deducted for absences

3. Please rate your **daily** performance based on a scale of 0-5 and the following factors:

    0 = not assessable: absent or no participation at all

    1 = very poor: no attempt at speaking Spanish, negative attitude, unprepared and unmotivated, arrived late

    2 = mediocre: minimal attempt at speaking Spanish, apathetic attitude, somewhat prepared, arrived late

    3 = satisfactory: some attempt at speaking Spanish, sometimes volunteer to answer questions, somewhat prepared, or arrived late

    4 = good: usually speak Spanish, volunteer often to answer questions, motivated and well prepared, arrived on time

    5 = commendable: speak **only** Spanish, positive attitude, motivated, very well prepared, volunteer several times to answer questions, arrived on time

_____   _____   _____   _____   _____   _____

Mon   Tues   Wed   Thurs   Fri   TOTAL

Student /Instructor Comments:

_____

Student Signature and Date

_____

Instructor Signature and Date

Class Participation Self-Evaluation Sheet

Name: _____ Week of the _____ to the _____ of _____.

This evaluation sheet allows you to monitor your own participation in class week by week, and enables you and your instructor to address questions and comments to each other. The class participation point system is organized as follows:

1. Students receive a maximum of 5 points per day for participation (**25 pts/week**).

2. 5 points/day are automatically deducted for absences

3. Please rate your **daily** performance based on a scale of 0-5 and the following factors:

   0 = not assessable: absent or no participation at all

   1 = very poor: no attempt at speaking Spanish, negative attitude, unprepared and unmotivated, arrived late

   2 = mediocre: minimal attempt at speaking Spanish, apathetic attitude, somewhat prepared, arrived late

   3 = satisfactory: some attempt at speaking Spanish, sometimes volunteer to answer questions, somewhat prepared, or arrived late

   4 = good: usually speak Spanish, volunteer often to answer questions, motivated and well prepared, arrived on time

   5 = commendable: speak **only** Spanish, positive attitude, motivated, very well prepared, volunteer several times to answer questions, arrived on time

Mon	Tues	Wed	Thurs	Fri	TOTAL
____	____	____	____	____	

Student /Instructor Comments:

_____
Student Signature and Date

_____
Instructor Signature and Date

Class Participation Self-Evaluation Sheet

Name: _____ Week of the _____ to the _____ of _____.

This evaluation sheet allows you to monitor your own participation in class week by week, and enables you and your instructor to address questions and comments to each other. The class participation point system is organized as follows:

1. Students receive a maximum of 5 points per day for participation (25 pts/week).

2. 5 points/day are automatically deducted for absences

3. Please rate your **daily** performance based on a scale of 0-5 and the following factors:

   0 = not assessable: absent or no participation at all

   1 = very poor: no attempt at speaking Spanish, negative attitude, unprepared and unmotivated, arrived late

   2 = mediocre: minimal attempt at speaking Spanish, apathetic attitude, somewhat prepared, arrived late

   3 = satisfactory: some attempt at speaking Spanish, sometimes volunteer to answer questions, somewhat prepared, or arrived late

   4 = good: usually speak Spanish, volunteer often to answer questions, motivated and well prepared, arrived on time

   5 = commendable: speak **only** Spanish, positive attitude, motivated, very well prepared, volunteer several times to answer questions, arrived on time

_____   _____   _____   _____   _____   _____

Mon   Tues   Wed   Thurs   Fri   TOTAL

Student /Instructor Comments:

_____
Student Signature and Date

_____
Instructor Signature and Date

Class Participation Self-Evaluation Sheet

Name: _____ Week of the _____ to the _____ of _____.

This evaluation sheet allows you to monitor your own participation in class week by week, and enables you and your instructor to address questions and comments to each other. The class participation point system is organized as follows:

1.   Students receive a maximum of 5 points per day for participation (**25 pts/week**).

2.   5 points/day are automatically deducted for absences

3.   Please rate your **daily** performance based on a scale of 0-5 and the following factors:

   0 = not assessable: absent or no participation at all

   1 = very poor: no attempt at speaking Spanish, negative attitude, unprepared and unmotivated, arrived late

   2 = mediocre: minimal attempt at speaking Spanish, apathetic attitude, somewhat prepared, arrived late

   3 = satisfactory: some attempt at speaking Spanish, sometimes volunteer to answer questions, somewhat prepared, or arrived late

   4 = good: usually speak Spanish, volunteer often to answer questions, motivated and well prepared, arrived on time

   5 = commendable: speak **only** Spanish, positive attitude, motivated, very well prepared, volunteer several times to answer questions, arrived on time

| _____ | _____ | _____ | _____ | _____ | _____ |
| Mon | Tues | Wed | Thurs | Fri | TOTAL |

Student /Instructor Comments:

_____
Student Signature and Date

_____
Instructor Signature and Date

Composiciones

Transitional Words to Aid in Composition:

1. <u>TIME</u>

after, afterward (adv.)	después
after (prep.)	después de
always	siempre
as soon as	en cuanto, tan pronto como
at last	por fin
at once	inmediatamente
briefly	brevemente, concisamente; en resumen
eventually	eventualmente
finally	finalmente, por fin
first (second, etc)	primero
immediately	inmediatamente
in the meantime	mientras tanto
in the past/future	en el pasado/futuro
last	por último
later	después, más tarde
meanwhile	mientras tanto
next	luego
never	nunca
now	ahora, entonces, pues
often	muchas veces, a menudo, con frecuencia
once	una vez
promptly	rápidamente
sometimes	a veces, algunas veces
soon	pronto, luego, próximamente, dentro de
suddenly	de repente, súbitamente, de golpe
then	entonces, luego
when	cuando

2. <u>PLACE</u>

above	encima de, arriba de
among	entre, en medio de
around	alrededor de
below	abajo
beside	al lado de
beyond	más allá, más lejos
down	abajo, hacia abajo
forward	adelante, hacia adelante
from	de, desde
here	aquí
in front of	delante de, frente a, en frente de
inside	dentro de, adentro
nearby	cerca de

next to	al lado de
on	en, sobre
opposite to	frente a
outside	afuera, fuera, hacia afuera
through	por, a través de

3. TO SHOW A RESULT

accordingly	en conformidad, por consiguiente
as a result	como resultado
consequently	como consecuencia, consecuentemente
for that reason	por esta razón
hence	por lo tanto, por esto
then	entonces, luego
therefore	por lo tanto
thus	entonces, por eso
so	así que, entonces
it follows that	como consecuencia

4. TO EMPHASIZE AN IDEA

above all	sobre todo
equally	igualmente
especially	especialmente
indeed	efectivamente, realmente; en verdad, de veras, en realidad, en efecto
in fact	de hecho
principally	principalmente, en gran parte

5. TO SUMMARIZE

after all	al fin y al cabo, después de todo
as has been noted	como se ha mencionado
finally	finalmente, por fin
in brief, in short	en breve
in effect	en efecto
in other words	en otras palabras
on the whole	en general, mirándolo todo
to summarize	para resumir, en resumen
that is	es decir, o sea

COMPOSICIÓN: UNIDAD 2

Versión A

I.- Antes de escribir

In this lesson, you've explored some differences between today's families and those of the past. You have read about the changing family size ("**¿Dices que no tienes hijos?**"). In the **Pasos** that follow, you will continue to compare previous time periods to the present but in a more personal manner by focusing on the differences (and similarities) between a woman of your grandmother's generation (a relative, family friend, or your grandmother herself) and one of your own.

Paso 1: Your purpose in writing is to inform your reader of the many changes that have occurred across the last three generations. As you write and revise, keep in mind who your audience is. For this composition, your audience is someone who is not an American, someone who does not have firsthand knowledge of the **changes in women's roles**. Your goal is to make your audience realize that a woman's position and role in society have changed in the last fifty years and are still changing. In order for your audience to come to this realization, you will have to stress the differences between then and now.

Paso 2: What information that you have studied in this Unidad will support the points you will make?

- ❑ el matrimonio, el divorcio
- ❑ el tamaño de la familia
- ❑ el papel de la mujer en la sociedad
- ❑ oportunidades económicas
- ❑ oportunidades educativas
- ❑ ¿algo más? _____

Now choose 3 or 4 <u>pertinent</u> points of comparison either from the list above or others that will support your thesis.

1. _____   3. _____

2. _____   4. _____

Paso 3: In what order will you present the information?

- ❑ Chronologically: Begin with the past and move to the present, or begin with the present and move to the past.
- ❑ Point by point: Address the topics you've selected above point by point, comparing the two women you've chosen from each generation.

Paso 4: Consider the new grammar presented in this lesson. You will have to express yourself by:

- ❑ using the imperfect to express habitual and typical events in the past.
- ❑ making comparisons.

II.- Al escribir

Paso 1: Draft your composition, keeping its length to about 150 words.

Paso 2: Think about how you will conclude. Here are some words and phrases that may prove useful in emphasizing the final point.

al fin y al cabo	*in the end*
después de todo	*after all*
en resumen	*in summary*

III.- Después de escribir

Put your composition aside for a day or two. When you return to it, you will be ready to edit it. Reread what you have written. Focus your editing on specific aspects of the composition. Use the following list as a guide.

1. Information conveyed

   ❑ Number each contrast you make between the women of the two generations.
   Does your wording stress the differences?

2. Language

   ❑ Put a check mark over every verb in the composition.
   Is the ending on each verb correct?
   ❑ Underline each verb you use to talk about the past.
   Are the verb tenses correct?
   ❑ Edit your composition for adjective agreement.

COMPOSICIÓN: UNIDAD 2

Versión B

I.- Antes de escribir

In this lesson, you've explored some differences between today's families and those of the past. You have read about the changing family size ("**¿Dices que no tienes hijos?**"). In the **Pasos** that follow, you will continue to compare previous time periods to the present but in a more personal manner by focusing on the differences (and similarities) between a young person in the fifties or sixties and yourself.

Paso 1: Your purpose in writing is to inform your reader of the many changes that have occurred across the last three generations. As you write and revise, keep in mind who your audience is. For this composition, your audience is someone who is not an American, someone who does not have firsthand knowledge of the changes in American life. Your goal is to make your audience realize that **young people's aspirations and opportunities** in life have changed in the last forty years and are still changing. In order for your audience to come to this realization, you will have to stress the differences between then and now.

Paso 2: What information that you have studied in this Unidad will support the points you will make?
- ❑ el tamaño de la familia
- ❑ la esperanza de vida
- ❑ el papel de la mujer en la sociedad
- ❑ oportunidades económicas
- ❑ oportunidades educativas
- ❑ ¿algo más? _____

The following questions may help you brainstorm more ideas for your composition:

What career are you pursuing/interested in pursuing? What career was popular forty/fifty years ago?
How important is money to you? What role does religion play in your life? Was it different for young people in the past?
What kind of family life did young people aspire to fifty years ago? And today?
Etc.

Now choose 3 or 4 <u>pertinent</u> points of comparison either from those mentioned above or others of your choice that will support your thesis.

1. _____   3. _____

2. _____   4. _____

Paso 3: In what order will you present the information?

- ❑ Chronologically: Begin with the past and move to the present, or begin with the present and move to the past.
- ❑ Point by point: Address the topics you've selected above point by point, comparing the young person you've chosen and yourself.

Paso 4: Consider the new grammar presented in this lesson. You will have to express yourself by:

- ☐ using the imperfect to express habitual and typical events in the past.
- ☐ making comparisons.

II.- Al escribir

Paso 1: Draft your composition, keeping its length to about 150 words.

Paso 2: Think about how you will conclude. Here are some words and phrases that may prove useful in emphasizing the final point.

al fin y al cabo	*in the end*
después de todo	*after all*
en resumen	*in summary*

III.- Después de escribir

Put your composition aside for a day or two. When you return to it, you will be ready to edit it. Reread what you have written. Focus your editing on specific aspects of the composition. Use the following list as a guide.

1. Information conveyed

- ☐ Number each contrast you make between yourself and the other person. Does your wording stress the differences?

2. Language

- ☐ Put a check mark over every verb in the composition. Is the ending on each verb correct?
- ☐ Underline each verb you use to talk about the past. Are the verb tenses correct?
- ☐ Edit your composition for adjective agreement.

Suggestion:
To broaden the focus of this topic, you can include the reading from <u>Lazarillo de Tormes</u>, on page 175-6 of the *Vistazos*.

Español 110
COMPOSICIÓN I: UNIDADES 1 Y 2

I.-   Propósito
In the previous lessons, you've explored some differences between today's families and those of the past. You have read about the changing family size and completed several activities (in the text and in your homework) that focus on changes in women's roles in society, economic pressures, social climate, and so forth. For the purpose of this composition it is the year 2035 and you are preparing to be interviewed by an Anthropology student at the University of Washington. In the **Pasos** that follow, you will be comparing time periods but in a more personal manner by focusing on the differences (and similarities) between your life as a student at the end of the millenium and life in the first half of the XXIst century.

II.- Antes de escribir
Paso 1:   Your purpose in writing is to inform your reader of the <u>many changes</u> that have occurred. As you write and revise, keep in mind that your audience is someone in the year 2035. Your goal is to make your audience realize that society has changed. In order for your audience to come to this realization, you will have to <u>stress the differences</u> between then (late 1990's) and now (2035).

Paso 2:   What information will support the points you will make?
- ★ el tamaño de la familia
- ★ la esperanza de vida
- ★ el papel de la mujer en la sociedad
- ★ las oportunidades económicas
- ★ las oportunidades educativas
- ★ las relaciones sociales (raciales, religiosas, políticas, etc.)
- ★ algo más

Paso 3:   In what order will you present the information? Consider two options:
- ❐ Chronologically: Begin with the **past** (1990's) and move to the **present** (2035), or begin with the **present** and move to the **past**.
- ❐ Point by point: Cover a point about the XXth century, and then the counterpoint in the XXIst century, or viceversa.

Paso 4: following:.   Consider the new grammar presented in this lesson, and incorporate the

- ★ use the **imperfect** to express habitual and typical events in the past (Remember to use the **preterite** to indicate single events in the past: e.g. when you graduated, got married, were born, moved, etc.)
- ★ make comparisons

III.- Al escribir
Paso 1:   Draft your composition, keeping its length to 150-200 words.

Paso 2:   Think about how you will conclude. Here are some words and phrases that may prove useful in emphasizing the final point.

al fin y al cabo	*in the end*
comoquiera que se examine el hecho	*no matter how you look at it*
después de todo	*after all*
en resumen	*in summary*

en cambio   on the other hand

a diferencia de   in contrast to

IV.- Después de escribir

Paso 1: Put your composition aside for a day or two. When you return to it, you will be ready to edit it. Reread what you have written. Focus your editing on specific aspects of the composition. Use the following list as a guide.

1. Information conveyed
   - ❐ Number each contrast you make. Does your wording stress the differences?
2. Language
   - ❐ Put a check mark over every verb in the composition. Is the ending on each verb correct?
   - ❐ Underline each verb you use to talk about the past. Are the verb tenses correct?
   - ❐ Edit your composition for adjective agreement.

Paso 2: Rewrite your composition and make any necessary changes. Before you hand it in, you might ask someone in the class to read it. Decide which of the following sums up the central idea.

     a. La vida ahora y la vida de antes tienen mucho en común.
     b. Hay diferencias y semejanzas entre la vida de ahora y la vida de antes.
     c. Las diferencias son impresionantes entre la vida de ahora y la vida de antes.

If the third statement is not selected, try to determine where you have not stressed the differences clearly or emphatically enough and modify those places. Once you have done so, hand in your composition.

COMPOSICIÓN: UNIDAD 3

Versión A

I.-   Propósito: Escribir una composición en la que describes tus propias costumbres alimenticias, indicando de qué manera son distintas o similares a las costumbres típicas de los Estados Unidos.

II.- Antes de escribir

Paso 1:   El propósito de la composición es informarle al lector sobre las costumbres alimenticias de tu familia. Puedes pensar, por ejemplo, en tu comunidad étnica, tu comunidad religiosa, tu comunidad de origen (el sur, el oeste) o en las tradiciones de tu familia.

Paso 2:   A continuación aparece una lista de varios temas que puedes incluir en esta unidad. ¿Qué información vas a utilizar?

★   los modales (el uso de los cubiertos, qué se hace en la mesa, etc.)
★   los desayunos, los almuerzos, las cenas, las meriendas
★   las dietas nacionales/regionales
★   bebidas alcohólicas, el fumar, el café
★   las comidas de fiestas específicas (4 de julio, Día de Acción de Gracias, etc.)
★   etc.

Paso 3:   Una vez que decidas qué información específica vas a incluir, tienes que pensar en cómo vas a organizar los siguientes puntos/temas:

_ tus costumbres particulares
_ las costumbres típicas de Los Estados Unidos
_ semejanzas y diferencias entre ellas

Paso 4:   Basándote en los **Pasos 2** y **3**, haz un breve bosquejo (*outline*) de lo que vas a escribir.

III.- Al escribir

Paso 1:   Al escribir el borrador (*draft*), trata de incluir los siguientes puntos gramaticales y expresiones.
    1. los pronombres de objeto indirecto
    2. se impersonal y pasivo
    3. expresiones impersonales de obligación

Paso 2:   Escribe el borrador dos días antes de entregar la composición. A continuación hay una lista de expresiones de transición que te podrán ser (*could be*) útiles en la composición.

a diferencia de	*in contrast to*
en cambio	*on the other hand*
en contraste con	*in contrast to*
igual que	*the same as (equal to)*
mientras	*while*
semejante a	*similar to*

IV.- Después de escribir

Paso 1: Dos días antes de entregar la composición, revisa y corrige el borrador paso por paso. Puedes utilizar el siguiente esquema como guía.

I. Información
1. ¿Cuántos ejemplos de tus costumbres has presentado de manera clara? ¿Existe otra costumbre que puedes incluir?
2. ¿Cuántas costumbres típicas norteamericanas has mencionado? ¿Has comparado tus costumbres propias con las típicas estadounidenses?
3. Subraya (*underline*) las palabras de transición que utilizaste. ¿Ayudan a clarificar la información?

II. Lenguaje
1. Pon un círculo alrededor de cada pronombre de objeto indirecto.
   a. ¿Es correcta la forma?
   b. ¿Es correcto su uso?
2. Marca cada **se** que aparece.
   a. ¿Es apropiado el uso de **se**?
   b. ¿Es correcta la forma del verbo?
3. Revisa los adjetivos que utilizaste. ¿Siempre concuerdan (*agree*) con los sustantivos que modifican?
4. Revisa el uso de la **a** personal.
   a. ¿La incluiste?
   b. ¿La usaste correctamente?

Paso 2: Haz los cambios necesarios y entrégale la composición al profesor o profesora.

COMPOSICIÓN: UNIDAD 3

Versión A

I.- **Propósito:** Escribir una composición en la que describes tus propias costumbres alimenticias, indicando de qué manera son distintas o similares a las costumbres típicas de los Estados Unidos.

II.- Antes de escribir

Paso 1: El propósito de la composición es informarle al lector sobre las costumbres alimenticias de tu familia. Puedes pensar, por ejemplo, en tu comunidad étnica, tu comunidad religiosa, tu comunidad de origen (el sur, el oeste) o en las tradiciones de tu familia.

Paso 2: A continuación aparece una lista de varios temas que puedes incluir en esta unidad. ¿Qué información vas a utilizar?

★ los modales (el uso de los cubiertos, qué se hace en la mesa, etc.)
★ los desayunos, los almuerzos, las cenas, las meriendas
★ las dietas nacionales/regionales
★ bebidas alcohólicas, el fumar, el café
★ las comidas de fiestas específicas (4 de julio, Día de Acción de Gracias, etc.)
★ etc.

Paso 3: Una vez que decidas qué información específica vas a incluir, tienes que pensar en cómo vas a organizar los siguientes puntos/temas:

_ tus costumbres particulares
_ las costumbres típicas de Los Estados Unidos
_ semejanzas y diferencias entre ellas

Paso 4: Basándote en los **Pasos 2** y **3**, haz un breve bosquejo (*outline*) de lo que vas a escribir.

III.- Al escribir

Paso 1: Al escribir el borrador (*draft*), trata de incluir los siguientes puntos gramaticales y expresiones.
1. *los pronombres de objeto indirecto*
2. *se impersonal y pasivo*
3. *expresiones impersonales de obligación*

Paso 2: Escribe el borrador dos días antes de entregar la composición. A continuación hay una lista de expresiones de transición que te podrán ser (*could be*) útiles en la composición.

a diferencia de	*in contrast to*
en cambio	*on the other hand*
en contraste con	*in contrast to*
igual que	*the same as (equal to)*
mientras	*while*
semejante a	*similar to*

IV.- Después de escribir

Paso 1:   Dos días antes de entregar la composición, revisa y corrige el borrador paso por paso. Puedes utilizar el siguiente esquema como guía.

I. Información
1. ¿Cuántos ejemplos de tus costumbres has presentado de manera clara? ¿Existe otra costumbre que puedes incluir?
2. ¿Cuántas costumbres típicas norteamericanas has mencionado? ¿Has comparado tus costumbres propias con las típicas estadounidenses?
3. Subraya (*underline*) las palabras de transición que utilizaste. ¿Ayudan a clarificar la información?

II. Lenguaje
1. Pon un círculo alrededor de cada pronombre de objeto indirecto.
   a. ¿Es correcta la forma?
   b. ¿Es correcto su uso?
2. Marca cada **se** que aparece.
   a. ¿Es apropiado el uso de **se**?
   b. ¿Es correcta la forma del verbo?
3. Revisa los adjetivos que utilizaste. ¿Siempre concuerdan (*agree*) con los sustantivos que modifican?
4. Revisa el uso de la **a** personal.
   a. ¿La incluiste?
   b. ¿La usaste correctamente?

Paso 2:   Haz los cambios necesarios y entrégale la composición al profesor o profesora.

COMPOSICIÓN: UNIDAD 3

Versión B

I.- Propósito:
Describir un posible choque cultural que podría darse entre una persona de Los Estados Unidos y una persona de costumbres hispanas en cuanto a las costumbres alimenticias. Puedes utilizar la forma del diálogo o de una composición tradicional.

II.- Antes de escribir
Paso 1:   Decide si vas a escribir sobre este tema en forma de diálogo o en prosa.

> **a.** Si vas a escribir en forma de diálogo, crea una situación específica. El propósito del diálogo es contrastar las costumbres de las dos personas.

> **b.** Si vas a escribir en prosa, inventa una situación específica y piensa en la manera de presentarla. El propósito de la composición es contrastar las costumbres de dos personas.

Paso 2:   A continuación aparece una lista de varios temas que puedes incluir en esta composición. ¿Qué información vas a utilizar?

- ★   los modales (el uso de los cubiertos, qué se hace en la mesa, etc.)
- ★   los desayunos, los almuerzos, las cenas, las meriendas
- ★   las dietas nacionales/regionales
- ★   bebidas alcohólicas, el fumar, el café
- ★   los restaurantes (los meseros, la propina, etc.)
- ★   etc.

Paso 3:   Una vez que decidas qué información vas a incluir, tienes que pensar en cómo vas a organizarla.

Si es diálogo:
- _ presenta a los personajes y la situación
- _ incluye reacciones específicas, enfatizando el choque cultural
- _ desarrolla una conversación animada explicando las diferencias

Si es composición:
- _ presenta un posible choque cultural
- _ incluye las razones del choque y reacciones específicas de cada persona
- _ presenta una posible solución

Paso 4:   Basándote en los pasos anteriores, haz un breve bosquejo (*outline*) de lo que vas a escribir.

III.- Al escribir
Paso 1:   Al escribir el borrador (*draft*), trata de incluir los siguientes puntos gramaticales y expresiones.
1. *los pronombres de objeto indirecto*
2. *se impersonal y pasivo*
3. *expresiones impersonales de obligación*

Paso 2:   Escribe el borrador dos días antes de entregar la composición. A continuación hay una lista de expresiones de transición que te podrían ser (*could be*) útiles en la composición.

a diferencia de	*in contrast to*
en cambio	*on the other hand*
en contraste con	*in contrast to*
igual que	*the same as (equal to)*
mientras	*while*
semejante a	*similar to*

IV.- Después de escribir

Paso 1: Dos días antes de entregar la composición, revisa y corrige el borrador paso por paso. Puedes utilizar el siguiente esquema como guía.

I. Información
1. ¿Cuántos ejemplos de contrastes entre las dos culturas has mencionado? ¿Existe otra costumbre que puedes incluir?
2. Si es diálogo, ¿la conversación es fluida? ¿Estás seguro de que no hay interrupciones abruptas?
3. Subraya (*underline*) las palabras de transición que utilizaste. ¿Ayudan a clarificar la información?

II. Lenguaje
1. Haz un círculo alrededor de cada pronombre de objeto indirecto.
   a. ¿Es correcta la forma?
   b. ¿Es correcto su uso?
2. Marca cada **se** que aparece.
   c. ¿Es apropiado el uso de **se**?
   d. ¿Es correcta la forma del verbo?
3. Revisa los adjetivos que utilizaste. ¿Siempre concuerdan (*agree*) con los sustantivos que modifican?
4. Revisa el uso de la **a** personal.
   e. ¿La incluiste?
   f. ¿La usaste correctamente?

Paso 2: Haz los cambios necesarios y entrégale la composición al profesor o profesora.

COMPOSICIÓN: UNIDAD 4

Versión A

I.- Propósito:

En esta lección examinaste cómo algunas actividades diarias practicadas en exceso podrían ser dañinas, incluyendo el abuso del alcohol. Leíste un artículo sobre la adicción al *jogging* y también examinaste los hábitos en cuanto a ver la televisión. Finalmente, te informaste de cómo se puede salir de una adicción. Ahora vas a escribir una composición basada en las ideas que se presentaron en esta lección. Utiliza el siguiente título:

x: ¿diversión o adicción?

(donde *x* puede ser los deportes, la comida, el sexo, la limpieza, ir de compras, etc.)

II.- Antes de escribir

Paso 1: Vas a escribir tu composición teniendo en cuenta a las personas que hacen una actividad en exceso. Tu propósito es convencer al lector de que existe la adicción a esta actividad, describir las consecuencias negativas de esta adicción y después ofrecer algunas sugerencias sobre cómo salir de la adicción.

Piensa en los artículos que leíste en esta lección. ¿Cómo introducen el tema? ¿Con una pregunta? ¿Con una breve historia o narración del caso de una persona adicta (por ejemplo, Kate, la adicta a correr)? ¿Cómo vas a comenzar tu composición?

También piensa en el propósito de la composición y el tipo de persona que la va a leer. ¿Quién es el lector típico? ¿En qué forma vas a dirigirte (*address*) a esa persona?

Paso 2: Antes de escribir, haz un bosquejo de tus ideas. Puedes colaborar con un compañero (una compañera) si quieres.
       1. Síntomas de la adicción
       2. Consecuencias negativas
       3. Cómo salir de esta adicción

Paso 3: ¿En qué orden piensas presentar tus ideas? ¿Quieres presentar primero las consecuencias y luego seguir con los síntomas y las sugerencias? ¿O piensas que es mejor presentar primero los síntomas seguidos por las consecuencias y, por último, las sugerencias?

III.- Al escribir

Paso 1: Hay que poner atención al aspecto lingüístico de la composición. ¿Puedes utilizar los aspectos gramaticales que estudiaste en esta lección?

    a. usa el imperfecto para dar ejemplos de actividades compulsivas que has observado (*have observed*).
    b. usa los mandatos afirmativos y negativos para aconsejar (*give advice*) a un/a amigo/a sobre cómo salir de una adicción

Paso 2: Escribe la composición con dos días de anticipación. Un día antes de entregársela al profesor (a la profesora), lee la composición de nuevo. ¿Quieres cambiar o modificar...

a. las consecuencias de la adicción que presentaste?
b. la descripción de la adicción?
c. los consejos sobre cómo salir de la adicción?
d. el orden de tus ideas?
e. algún otro aspecto?

IV.- Después de escribir

Paso 1: Lee la composición de nuevo para repasar...

a. la concordancia entre formas verbales y sus sujetos y la concordancia entre sustantivos y adjetivos.
b. el uso del imperfecto y el uso del pasado en general.
c. el uso de los mandatos afirmativos.
d. el uso de los mandatos negativos.

Paso 2: Haz los cambios necesarios y entrégale la composición al profesor o profesora.

COMPOSICIÓN: UNIDAD 4

Versión B

I.- Propósito

En esta lección examinaste cómo algunas actividades diarias practicadas en exceso podrían ser dañinas, incluyendo el abuso del alcohol. Leíste un artículo sobre la adicción al *jogging* y también examinaste los hábitos en cuanto a ver la televisión. Finalmente, te informaste de cómo se puede salir de una adicción. Ahora vas a escribir una composición sobre el episodio de "Los Simpson" que tu profesor(a) te indicará. Utiliza el siguiente título:

"Las adicciones de Los Simpson"

II.- Antes de escribir

Paso 1: Vas a escribir tu composición teniendo en cuenta a los personajes del episodio que miraste y vas a comentar sobre las adicciones que observaste (por ejemplo, Homero y la comida, etc.) Tu propósito es narrar en el pasado lo que viste.

Piensa en el propósito de la composición y el tipo de persona que la va a leer. ¿Quién es el lector típico? ¿En qué forma vas a dirigirte (*address*) a esa persona?

Paso 2: Antes de escribir, haz un bosquejo de tus ideas. Puedes colaborar con un compañero (una compañera) si quieres. Debes tomar en cuenta las siguientes ideas:

     1. Secuencia de las acciones
     2. Descripciones de las adicciones (¡ojo con el pretérito y el imperfecto!)
     3. Consejos para los personajes adictos

Paso 3: Elabora tu composición según el orden del Paso 2.

III.- Al escribir

Paso 1: Hay que poner atención al aspecto lingüístico de la composición. ¿Puedes utilizar los aspectos gramaticales que estudiaste en esta lección?

     a) el imperfecto y el pretérito
     b) los mandatos afirmativos y negativos al momento de narrar para dar consejos

Paso 2: Escribe la composición con dos días de anticipación. Un día antes de entregársela al profesor (a la profesora), lee la composición de nuevo. ¿Quieres cambiar o modificar algo de lo siguiente?:

     a) la secuencia de la acción
     b) la descripción de las adicciones
     c) los consejos sobre cómo salir de la adicción

IV.- Después de escribir

Paso 1:   Lee la composición de nuevo para repasar

         a)   la concordancia entre sujeto y formas verbales, y entre sustantivos y adjetivos
         b)   el uso del imperfecto y el pretérito; el uso del pasado en general
         c)   el uso de los mandatos afirmativos
         d)   el uso de los mandatos negativos

Paso 2:   Haz los cambios necesarios y entrégale la composición al profesor o profesora.

Español 110
COMPOSICIÓN II: UNIDADES 3 Y 4

Versión A

I.- Propósito
En las lecciones de esta unidad, examinaste cómo algunas actividades diarias podrían afectar el ánimo de una persona y cómo también pueden ser dañinas si se practican en exceso. Puedes volver a examinar las lecturas (esto es, los artículos, etc.) para repasar las ideas principales.

Vas a escribir una composición basada en las ideas que se presentaron en las lecciones. Utiliza el siguiente título:
> *El estudiante universitario de hoy: cómo llegar a un equilibrio saludable*

II.- Antes de escribir
Paso 1:   Vas a escribir tu composición teniendo en cuenta a las personas que quieren mejorar (*improve*) sus hábitos. Tu propósito es describir los problemas del estudiante de hoy, describir las consecuencias negativas de ciertas actividades y ofrecer algunas sugerencias sanas sobre cómo tener éxito (*to be successful*) como estudiante y también efectuar cambios positivos en la vida diaria.

Piensa en los artículos que leíste, en tus experiencias personales y en las experiencias de otras personas que son malos y buenos estudiantes. ¿Cómo vas a comenzar tu composición? ¿Cómo vas a introducir el tema principal? ¿En qué forma vas a dirigirte (*address*) al lector, en forma de tú o en forma de usted? ¿Quién es el lector?

Paso 2:   Antes de escribir, haz un bosquejo de tus ideas. Puedes colaborar con un compañero (una compañera) si quieres. Puedes dar un ejemplo específico de un estudiante con problemas y describir cómo era su vida, es decir, ¿qué hacía (abusos, hábitos dañinos, etc.)? ¿qué no hacía? Puedes dar recomendaciones en cuanto a: qué se debe hacer para sentirse bien o para relajarse; los alimentos y el estado de ánimo; la risa y el estado mental; cómo salir de las adicciones o el abuso; etc.

Paso 3:   ¿En qué orden piensas presentar tus ideas? ¿Quieres presentar primero los problemas y luego seguir con las sugerencias? ¿O piensas que es mejor presentar primero las sugerencias y por último los problemas?

III.- Al escribir
Paso 1:   Hay que poner atención al aspecto lingüístico de la composición. ¿Puedes utilizar los aspectos gramaticales que estudiaste?
> **a.** el **se** pasivo y/o impersonal
> **b.** el imperfecto de los verbos, en cuanto al ejemplo de un estudiante que no tenía éxito, por ejemplo

Paso 2:   Escribe la composición y luego lee la composición de nuevo. ¿Quieres cambiar o modificar algo?
> **a.** las descripciones de problemas
> **b.** las sugerencias para tener éxito
> **c.** el orden de tus ideas
> **d.** el propósito de tu composición
> **e.** la conclusión
> **f.** algún otro aspecto

IV.- Después de escribir

Paso 1: Lee la composición de nuevo para repasar:

a. la concordancia entre formas verbales y sus sujetos y entre sustantivos y adjetivos;

b. el uso del imperfecto y el uso del pasado en general;

c. el uso del **se** pasivo o el **se** impersonal.

Paso 2: Haz los cambios necesarios y entrégale la composición (escrita a máquina) al profesor o profesora.

COMPOSICIÓN: UNIDAD 5

Versión A

I.- Propósito
En esta lección examinaste los comportamientos de diferentes animales. Leíste información sobre el sentido de orientación y un artículo en dos partes sobre la organización social de una manada de elefantes. También examinaste el comportamiento de los animales con referencia a los seres humanos. Con la información que has aprendido, escribe una composición sobre la interrelación entre la sociedad humana y el medio ambiente.

II.- Antes de escribir
Paso 1: Piensa en las lecturas y en los ejercicios del libro y del manual que has estudiado en clase y en casa. ¿Cuáles tienen que ver con cómo afecta el medio ambiente el comportamiento de los seres humanos?

Paso 2: El propósito de la composición es presentar ejemplos que sugieren una interrelación entre los seres humanos y el medio ambiente. ¿Qué ejemplos te pueden servir para demostrar la existencia de esta relación? Decide qué tono vas a utilizar: ¿Es apropiado el uso de la primera persona? ¿Vas a dirigirte directamente al lector / a la lectora?

Paso 3: Para cada punto que aparece a continuación, escribe algunas ideas que puedas incluir en la composición. Repasa la lección si no recuerdas todos los datos.

    1. ¿Qué se puede decir acerca de la relación entre el medio ambiente y los seres humanos? ¿Cómo nos guiamos? ¿Qué elementos nos facilitan la sobrevivencia?

    2. ¿Cómo afecta el medio ambiente a la organización social humana? ¿Qué hacen los humanos para mejorar o empeorar el medio ambiente?

    3. Otras ideas.

Paso 4: Decide cuál va a ser tu argumento central. ¿Qué evidencia vas a incluir? Escribe un bosquejo que presenta tus ideas y ejemplos. ¿Es lógica esta organización?

III.- Al escribir
Paso 1: Aquí tienes unas frases que pueden ayudarte a expresar las ideas.

en su mayor parte	*for the most part*
es evidente que	*it is evident that*
es lógico pensar que	*it is logical to think that*
está claro que	*it is clear that*

Paso 2: Al escribir la conclusión, debes tomar en cuenta el propósito de la composición y también el punto de vista de los lectores. Si quieres, puedes usar en la conclusión una de las siguientes frases.

después de todo	*after all*
en definitiva	*definitely, all in all*
por lo tanto	*therefore*

Paso 3: Escribe la composición dos días antes de entregársela al profesor / a la profesora.

IV.- Después de escribir

Paso 1: Antes de entregarla, lee la composición de nuevo. ¿Quieres cambiar o modificar ...

★ las ideas que presentaste?
★ el orden en que presentaste las ideas?
★ la conclusión?
★ el tono?
★ la evidencia para que sea más relevante a tu tesis?

Paso 2: Escoge un título apropiado. Acuérdate que sólo la primera letra del título se escribe con mayúscula.

Paso 3: Lee la composición otra vez más para verificar...

★ la concordancia entre las formas verbales y sus sujetos.
★ la concordancia entre adjetivos y sustantivos.
★ el uso de **estar**.

Paso 4: Haz todos los cambios necesarios y entrégale la composición al profesor o profesora.

COMPOSICIÓN: UNIDAD 5

Versión B

I.- Propósito

En esta lección examinaste los comportamientos de diferentes animales. Unos eran instintivos y otros eran aprendidos. Leíste información sobre el sentido de orientación y un artículo en dos partes sobre la organización social de una manada de elefantes. También examinaste el comportamiento de los animales con referencia a los seres humanos. Con la información que has aprendido, escribe una composición sobre tu propia comunidad. Ésta puede ser tu comunidad de origen, tu escuela secundaria, tu familia, tu comunidad étnica, tu comunidad religiosa, o una combinación de las cinco.

II.- Antes de escribir

Paso 1: El propósito de la composición es describir y examinar la organización social de tu comunidad. ¿Qué ejemplos te pueden servir? Decide qué tono vas a utilizar: ¿Es apropiado el uso de la primera persona? ¿Vas a dirigirte directamente al lector / a la lectora?

Paso 2: Para cada punto que aparece a continuación, escribe algunas ideas que puedas incluir en la composición. Repasa la lección si no recuerdas todos los datos.

1. Partiendo de la lectura acerca de los elefantes, piensa en tu comunidad. ¿Cómo está organizada la manada de los elefantes?

   a. los papeles de los machos y las hembras
   b. la crianza de los recién nacidos
   c. el cuidado de los viejos
   d. la jefatura

   ¿En qué te puede servir esta información para describir tu propia comunidad?

2. ¿Cómo se organiza/organizaba tu comunidad? ¿Quiénes son/eran las personas importantes, los líderes? ¿Cuáles son/eran las cualidades de estas personas? ¿Cómo se ayudan/ayudaban, o cómo se apoyan/apoyaban los miembros de esta comunidad?

3. ¿Qué personas de tu comunidad son/eran importantes para ti? ¿Por qué? ¿Cómo influyen/influyeron en tu vida?

4. Otras ideas.

Paso 3: Escribe el orden en el que vas a presentar tus ideas y ejemplos. ¿Es lógica esta organización?

III.- Al escribir
Paso 1:   Aquí tienes unas frases que pueden ayudarte a expresar las ideas.

por lo general	*in general*
principalmente	*principally*
de hecho	*in fact*
sobre todo	*above all*
además	*in addition*
en realidad	*indeed*

Paso 2:   Al escribir la conclusión, debes tomar en cuenta el propósito de la composición y también el punto de vista de los lectores. Si quieres, puedes usar en la conclusión una de las siguientes frases.

después de todo	*after all*
en definitiva	*definitely, all in all*
por lo tanto	*therefore*

Paso 3:   Escribe la composición dos días antes de entregársela al profesor / a la profesora.

IV.- Después de escribir
Paso 1:   Antes de entregarla, lee la composición de nuevo. ¿Quieres cambiar o modificar

★   las ideas que presentaste?
★   el orden en que presentaste las ideas?
★   la conclusión?
★   el tono?
★   la evidencia para que sea más relevante a tu tesis?

Paso 2:   Escoge un título apropiado. Recuerda que sólo la primera letra del título se escribe con mayúscula en español.

Paso 3:   Lee la composición otra vez más para verificar

★   la concordancia entre sujeto y formas verbales
★   la concordancia entre adjetivos y sustantivos
★   el uso de **estar**

Paso 4:   Haz todos los cambios necesarios y entrégale la composición al profesor o profesora.

COMPOSICIÓN: UNIDAD 6
"Un viaje al futuro"

Versión A

En esta lección has examinado temas relacionados con el futuro. En esta composición vas a escribir sobre tu viaje imaginario al futuro.

I.- Antes de escribir
Paso 1: Imagínate que has sido voluntaria/o en uno de los primeros vuelos en una máquina de tiempo y que has aterrizado en tu propia vida, pero ya han pasado 25 años. ¿Cómo será tu vida? Vas a dirigirte a los demás miembros de la clase. El tono que adoptes puede ser cómico o serio. La composición deberá limitarse a un máximo de 250 palabras.

Paso 2: ¿Qué temas vas a tratar en tu composición? ¿Cómo vas a describir tu vida futura? Por ejemplo, ¿tendrás familia? ¿Qué profesión tendrás? ¿Cuáles serán tus preocupaciones? ¿Cómo te relajarás?, etcétera. Basándote en estas preguntas, haz una lista de los aspectos de tu vida futura.

Paso 3: Debes poner atención al aspecto lingüístico. ¿Sabes usar los puntos gramaticales que estudiaste en esta lección?

> -el futuro
> -el subjuntivo con expresiones de duda, posibilidad, etcétera.

II.- Al escribir
Paso 1: A continuación hay algunas expresiones para ayudarte a expresar tus ideas. No te olvides de tener en cuenta el tono de tu composición.

más que nada	*above all*
se caracterizará por	*will probably be characterized by*
por____que + *subjunctive*	*as ____ as ____may* _____
(por difícil que sea)	*as hard as it may be*

Paso 2: Las siguientes expresiones te pueden resultar útiles al escribir la conclusión:

venga lo que venga	*come what may*
pase lo que pase	*come what may*
de todos modos	*in any case; at any rate*

Paso 3: Escribe la composición dos días antes de entregársela al profesor (a la profesora).

III.- Después de escribir
Paso 1: Un día antes de entregar la composición, léela de nuevo. ¿Quieres cambiar...

- ★ la introducción?
- ★ la organización?
- ★ la conclusión?

Paso 2: Lee la composición una vez más para verificar

- ❑ la concordancia entre sujeto y formas verbales
- ❑ el uso del futuro
- ❑ el uso del subjuntivo

Paso 3: Haz todos los cambios necesarios y entrégale la composición al profesor o profesora.

COMPOSICIÓN UNIDAD 6:
"Los Huskies del 2020"

Versión B

I.- Propósito
En esta lección has examinado temas relacionados con el futuro. En esta composición vas a escribir sobre la vida de un estudiante universitario en el año 2020 comparándola con tu vida de ahora.

II.- Antes de escribir
Paso 1: El propósito de la composición es predecir ciertos aspectos del futuro a través de una descripción de la vida de un estudiante universitario en el año 2020. Compara su estilo de vida, costumbres, oportunidades y en especial su relación con la tecnología, con tus experiencias. Tu comparación puede ser realista o imaginativa. La composición debe limitarse a un máximo de 250 palabras.

Paso 2: ¿Qué temas vas a tratar en tu composición? ¿Dónde y cómo estudiará un estudiante del futuro? ¿Cómo llegará a la universidad? ¿Cuál será su relación con la tecnología? Haz una lista de los aspectos de la vida estudiantil ahora y en el año 2020.

Paso 3: Debes poner atención al aspecto lingüístico. Usa los puntos gramaticales que estudiaste en esta lección.
- el futuro
- el subjuntivo con expresiones de duda, posibilidad, etcétera.

III.- Al escribir
Paso 1: No te olvides de considerar al lector . A continuación hay algunas expresiones para ayudarte a expresar tus ideas.

más que nada	*above all*
se caracterizará por	*will probably be characterized by*
por____que + *subjunctive*	*as ____ as ____ may _____*
(por difícil que sea)	*(as hard as it may be)*
venga lo que venga	*come what may*
pase lo que pase	*come what may*
de todos modos	*in any case; at any rate*

Paso 2: Escribe la composición dos días antes de entregársela al profesor (a la profesora).

IV.- Después de escribir
Paso 1: Un día antes de entregar la composición, léela de nuevo.¿Quieres cambiar

-los temas?	-la conclusión?
-la introducción?	-el tono?
-la organización?	-el lenguaje?

Paso 2: Lee la composición una vez más para verificar

- ❏ la concordancia entre sujeto y formas verbales
- ❏ el uso del futuro
- ❏ el uso del subjuntivo

Paso 3: Haz todos los cambios necesarios y entrégale la composición al profesor o profesora.

Rough Draft Critique

This sheet must be turned in with final version

Name: _____

The final version of the composition is due _____ / _____ / _____, in class.

Correct the following:

❏	Missing an introduction	❏	Too short
❏	Missing a conclusion	❏	Too long
❏	Missing a topic sentence	❏	Formatted wrong

❏ Develop/ improve/ increase your argument(s) in paragraph(s) _____.

❏ Choppy, disjointed style in paragraph(s) _____.

❏ Add some personal anecdotal or firsthand information to liven up the essay.

❏ Rough transitions. Work on beginnings and ends of paragraphs so they flow better.

❏ Introduction/ Conclusion is short and choppy. Please expand and develop the ideas more in the indicated section.

❏ Too little detail overall in supporting arguments. Add detailed information.

Other improvements to make:

Strengths of your rough draft:

Please review your paper for other organizational and content weaknesses that you can strengthen on your own!

Redacción de composiciones

Autor(a): _____ Editor(a): _____

1. ¿Hay un párrafo de introducción?   Sí ____   No ____
2. ¿Hay una conclusión?   Sí ____   No ____

3. Identifica y escribe la declaración de tesis (¡debe estar en la introducción!)

    _____

    _____

4. Identifica y escribe la primera frase del "nudo" o "desarrollo" (*body*)

    _____

    _____

5. Revisa la composición de nuevo. Busca si hay errores de concordancia entre sujeto/verbo. ¿Encontraste algún error? Escríbelos en la columna A y corrígelos en la columna B:

A	B
_____	_____
_____	_____
_____	_____

6. Busca ahora si hay errores de concordancia entre sustantivo/adjetivo. ¿Encontraste algún error? Escríbelos en la columna A y corrígelos en la columna B:

A	B
_____	_____
_____	_____
_____	_____

7. Busca si hay errores de ortografía. ¿Encontraste algún error? Escríbelos en la columna A y corrígelos en la columna B:

A	B
_____	_____
_____	_____
_____	_____

8. Piensa en lo positivo de la composición, algo que te impresionó. Escribe tus comentarios. ¡Gracias!

    _____

    _____

    _____

EVALUATION CRITERIA FOR COMPOSITIONS

Content (Information Conveyed)   **Points**

    ❑minimal information; information lacks substance (is superficial); inappropriate
or irrelevant information; or not enough information to evaluate   **19**
    ❑limited information; ideas present but not developed; lack of supporting detail
or evidence   **22**
    ❑adequate information; some development of ideas; some ideas lack supporting
detail or evidence   **25**
    ❑very complete information; no more can be said; thorough; relevant; on target   **30**

Organization

    ❑series of separate sentences with no transitions; disconnected ideas; no apparent
order to the content; or not enough to evaluate   **16**
    ❑limited order to the content; lacks logical sequencing of ideas; ineffective ordering;
very choppy; disjointed   **18**
    ❑an apparent order to the content is intended; somewhat choppy; loosely organized
but main points do stand out although sequencing of ideas is not complete   **22**
    ❑logically and effectively ordered; main points and details are connected; fluent;
not choppy whatsoever   **25**

Vocabulary

    ❑inadequate; repetitive; incorrect use or non-use of words studied; literal trans-
lations; abundance of invented words; or not enough to evaluate   **16**
    ❑erroneous word use or choice leads to confused or obscured meaning; some
literal translations and invented words; limited use of words studied   **18**
    ❑adequate but not impressive; some erroneous word usage or choice, but
meaning is not confused or obscured; some use of words studied   **22**
    ❑broad; impressive; precise and effective word use and choice; extensive use of
words studied   **25**

Language

    ❑one or more errors in use and form of the grammar presented in lesson; frequent
errors in subject/verb agreement; non-Spanish sentence structure; erroneous use
of language makes the work mostly incomprehensible; no evidence of having
edited the work for language; or not enough to evaluate   **13**
    ❑no errors in the grammar presented in lesson; some errors in subject/verb agreement;
some errors in adjective/noun agreement; erroneous use of language often impedes
comprehensibility; work was poorly edited for language   **15**
    ❑no errors in the grammar presented in lesson; occasional errors in subject/verb or
adjective/noun agreement; erroneous use of language does not impede comprehensibility;
some editing for language evident but not complete   **17**
    ❑no errors in the grammar presented in lesson; very few errors in subject/verb or
adjective/noun agreement; work was well edited for language   **20**

                                               Total points _____**/100**

Rough Draft Critique

This sheet must be turned in with final version

Name: _____

The final version of the composition is due _____ / _____ / _____, in class.

Correct the following:

❑   Missing an introduction   ❑   Too short
❑   Missing a conclusion   ❑   Too long
❑   Missing a topic sentence   ❑   Formatted wrong

❑   Develop/ improve/ increase your argument(s) in paragraph(s) _____.

❑   Choppy, disjointed style in paragraph(s) _____.
❑   Add some personal anecdotal or firsthand information to liven up the essay.
❑   Rough transitions. Work on beginnings and ends of paragraphs so they flow better.
❑   Introduction/ Conclusion is short and choppy. Please expand and develop the ideas more in the indicated section.
❑   Too little detail overall in supporting arguments. Add detailed information.

Other improvements to make:

Strengths of your rough draft:

Please review your paper for other organizational and content weaknesses that you can strengthen on your own!

Redacción de composiciones

Autor(a): _____   Editor(a): _____

1.   ¿Hay un párrafo de introducción?   Sí _____   No _____
2.   ¿Hay una conclusión?   Sí _____   No _____

3.   Identifica y escribe la declaración de tesis (¡debe estar en la introducción!)

   _____

   _____

4.   Identifica y escribe la primera frase del "nudo" o "desarrollo" (*body*)

   _____

   _____

5.   Revisa la composición de nuevo. Busca si hay errores de concordancia entre sujeto/verbo. ¿Encontraste algún error? Escríbelos en la columna A y corrígelos en la columna B:

   A   B

   _____   _____

   _____   _____

   _____   _____

6.   Busca ahora si hay errores de concordancia entre sustantivo/adjetivo. ¿Encontraste algún error? Escríbelos en la columna A y corrígelos en la columna B:

   A   B

   _____   _____

   _____   _____

   _____   _____

7.   Busca si hay errores de ortografía. ¿Encontraste algún error? Escríbelos en la columna A y corrígelos en la columna B:

   A   B

   _____   _____

   _____   _____

   _____   _____

8.   Piensa en lo positivo de la composición, algo que te impresionó. Escribe tus comentarios. ¡Gracias!

   _____

   _____

   _____

EVALUATION CRITERIA FOR COMPOSITIONS

Content (Information Conveyed)   Points

    ❑minimal information; information lacks substance (is superficial); inappropriate
or irrelevant information; or not enough information to evaluate   **19**
    ❑limited information; ideas present but not developed; lack of supporting detail
or evidence   **22**
    ❑adequate information; some development of ideas; some ideas lack supporting
detail or evidence   **25**
    ❑very complete information; no more can be said; thorough; relevant; on target   **30**

Organization

    ❑series of separate sentences with no transitions; disconnected ideas; no apparent
order to the content; or not enough to evaluate   **16**
    ❑limited order to the content; lacks logical sequencing of ideas; ineffective ordering;
very choppy; disjointed   **18**
    ❑an apparent order to the content is intended; somewhat choppy; loosely organized
but main points do stand out although sequencing of ideas is not complete   **22**
    ❑logically and effectively ordered; main points and details are connected; fluent;
not choppy whatsoever   **25**

Vocabulary

    ❑inadequate; repetitive; incorrect use or non-use of words studied; literal trans-
lations; abundance of invented words; or not enough to evaluate   **16**
    ❑erroneous word use or choice leads to confused or obscured meaning; some
literal translations and invented words; limited use of words studied   **18**
    ❑adequate but not impressive; some erroneous word usage or choice, but
meaning is not confused or obscured; some use of words studied   **22**
    ❑broad; impressive; precise and effective word use and choice; extensive use of
words studied   **25**

Language

    ❑one or more errors in use and form of the grammar presented in lesson; frequent
errors in subject/verb agreement; non-Spanish sentence structure; erroneous use
of language makes the work mostly incomprehensible; no evidence of having
edited the work for language; or not enough to evaluate   **13**
    ❑no errors in the grammar presented in lesson; some errors in subject/verb agreement;
some errors in adjective/noun agreement; erroneous use of language often impedes
comprehensibility; work was poorly edited for language   **15**
    ❑no errors in the grammar presented in lesson; occasional errors in subject/verb or
adjective/noun agreement; erroneous use of language does not impede comprehensibility;
some editing for language evident but not complete   **17**
    ❑no errors in the grammar presented in lesson; very few errors in subject/verb or
adjective/noun agreement; work was well edited for language   **20**

                                            Total points _____**/100**

Rough Draft Critique

This sheet must be turned in with final version

Name: _____

The final version of the composition is due _____ / _____ / _____ , in class.

Correct the following:

❒	Missing an introduction	❒	Too short
❒	Missing a conclusion	❒	Too long
❒	Missing a topic sentence	❒	Formatted wrong

❒   Develop/ improve/ increase your argument(s) in paragraph(s) _____ .

❒   Choppy, disjointed style in paragraph(s) _____ .

❒   Add some personal anecdotal or firsthand information to liven up the essay.

❒   Rough transitions. Work on beginnings and ends of paragraphs so they flow better.

❒   Introduction/ Conclusion is short and choppy. Please expand and develop the ideas more in the indicated section.

❒   Too little detail overall in supporting arguments. Add detailed information.

Other improvements to make:

Strengths of your rough draft:

Please review your paper for other organizational and content weaknesses that you can strengthen on your own!

257

Redacción de composiciones

Autor(a): _____ Editor(a): _____

1.   ¿Hay un párrafo de introducción?   Sí ____   No ____

2.   ¿Hay una conclusión?   Sí ____   No ____

3.   Identifica y escribe la declaración de tesis (¡debe estar en la introducción!)

_____

_____

4.   Identifica y escribe la primera frase del "nudo" o "desarrollo" (*body*)

_____

_____

5.   Revisa la composición de nuevo. Busca si hay errores de concordancia entre sujeto/verbo. ¿Encontraste algún error? Escríbelos en la columna A y corrígelos en la columna B:

          A   B

_____   _____

_____   _____

_____   _____

6.   Busca ahora si hay errores de concordancia entre sustantivo/adjetivo. ¿Encontraste algún error? Escríbelos en la columna A y corrígelos en la columna B:

          A   B

_____   _____

_____   _____

_____   _____

7.   Busca si hay errores de ortografía. ¿Encontraste algún error? Escríbelos en la columna A y corrígelos en la columna B:

          A   B

_____   _____

_____   _____

_____   _____

8.   Piensa en lo positivo de la composición, algo que te impresionó. Escribe tus comentarios. ¡Gracias!

_____

_____

_____

EVALUATION CRITERIA FOR COMPOSITIONS

Content (Information Conveyed)   **Points**

❑minimal information; information lacks substance (is superficial); inappropriate
or irrelevant information; or not enough information to evaluate   **19**
❑limited information; ideas present but not developed; lack of supporting detail
or evidence   **22**
❑adequate information; some development of ideas; some ideas lack supporting
detail or evidence   **25**
❑very complete information; no more can be said; thorough; relevant; on target   **30**

Organization

❑series of separate sentences with no transitions; disconnected ideas; no apparent
order to the content; or not enough to evaluate   **16**
❑limited order to the content; lacks logical sequencing of ideas; ineffective ordering;
very choppy; disjointed   **18**
❑an apparent order to the content is intended; somewhat choppy; loosely organized
but main points do stand out although sequencing of ideas is not complete   **22**
❑logically and effectively ordered; main points and details are connected; fluent;
not choppy whatsoever   **25**

Vocabulary

❑inadequate; repetitive; incorrect use or non-use of words studied; literal translations; abundance of invented words; or not enough to evaluate   **16**
❑erroneous word use or choice leads to confused or obscured meaning; some
literal translations and invented words; limited use of words studied   **18**
❑adequate but not impressive; some erroneous word usage or choice, but
meaning is not confused or obscured; some use of words studied   **22**
❑broad; impressive; precise and effective word use and choice; extensive use of
words studied   **25**

Language

❑one or more errors in use and form of the grammar presented in lesson; frequent
errors in subject/verb agreement; non-Spanish sentence structure; erroneous use
of language makes the work mostly incomprehensible; no evidence of having
edited the work for language; or not enough to evaluate   **13**
❑no errors in the grammar presented in lesson; some errors in subject/verb agreement;
some errors in adjective/noun agreement; erroneous use of language often impedes
comprehensibility; work was poorly edited for language   **15**
❑no errors in the grammar presented in lesson; occasional errors in subject/verb or
adjective/noun agreement; erroneous use of language does not impede comprehensibility;
some editing for language evident but not complete   **17**
❑no errors in the grammar presented in lesson; very few errors in subject/verb or
adjective/noun agreement; work was well edited for language   **20**

Total points _____ **/100**

Rough Draft Critique

This sheet must be turned in with final version

Name: _____

The final version of the composition is due _____ / _____ / _____, in class.

Correct the following:

- ☐   Missing an introduction   ☐   Too short
- ☐   Missing a conclusion   ☐   Too long
- ☐   Missing a topic sentence   ☐ ·   Formatted wrong

- ☐   Develop/ improve/ increase your argument(s) in paragraph(s) _____.

- ☐   Choppy, disjointed style in paragraph(s) _____.
- ☐   Add some personal anecdotal or firsthand information to liven up the essay.
- ☐   Rough transitions. Work on beginnings and ends of paragraphs so they flow better.
- ☐   Introduction/ Conclusion is short and choppy. Please expand and develop the ideas more in the indicated section.
- ☐   Too little detail overall in supporting arguments. Add detailed information.

Other improvements to make:

Strengths of your rough draft:

Please review your paper for other organizational and content weaknesses that you can strengthen on your own!

Redacción de composiciones

Autor(a): _____ Editor(a): _____

1. ¿Hay un párrafo de introducción?   Sí ____   No ____
2. ¿Hay una conclusión?   Sí ____   No ____

3. Identifica y escribe la declaración de tesis (¡debe estar en la introducción!)

_____

_____

4. Identifica y escribe la primera frase del "nudo" o "desarrollo" (*body*)

_____

_____

5. Revisa la composición de nuevo. Busca si hay errores de concordancia entre sujeto/verbo. ¿Encontraste algún error? Escríbelos en la columna A y corrígelos en la columna B:

A	B
_____	_____
_____	_____
_____	_____

6. Busca ahora si hay errores de concordancia entre sustantivo/adjetivo. ¿Encontraste algún error? Escríbelos en la columna A y corrígelos en la columna B:

A	B
_____	_____
_____	_____
_____	_____

7. Busca si hay errores de ortografía. ¿Encontraste algún error? Escríbelos en la columna A y corrígelos en la columna B:

A	B
_____	_____
_____	_____
_____	_____

8. Piensa en lo positivo de la composición, algo que te impresionó. Escribe tus comentarios. ¡Gracias!

_____

_____

_____

EVALUATION CRITERIA FOR COMPOSITIONS

Content (Information Conveyed)	Points

☐minimal information; information lacks substance (is superficial); inappropriate or irrelevant information; or not enough information to evaluate — **19**

☐limited information; ideas present but not developed; lack of supporting detail or evidence — **22**

☐adequate information; some development of ideas; some ideas lack supporting detail or evidence — **25**

☐very complete information; no more can be said; thorough; relevant; on target — **30**

Organization

☐series of separate sentences with no transitions; disconnected ideas; no apparent order to the content; or not enough to evaluate — **16**

☐limited order to the content; lacks logical sequencing of ideas; ineffective ordering; very choppy; disjointed — **18**

☐an apparent order to the content is intended; somewhat choppy; loosely organized but main points do stand out although sequencing of ideas is not complete — **22**

☐logically and effectively ordered; main points and details are connected; fluent; not choppy whatsoever — **25**

Vocabulary

☐inadequate; repetitive; incorrect use or non-use of words studied; literal translations; abundance of invented words; or not enough to evaluate — **16**

☐erroneous word use or choice leads to confused or obscured meaning; some literal translations and invented words; limited use of words studied — **18**

☐adequate but not impressive; some erroneous word usage or choice, but meaning is not confused or obscured; some use of words studied — **22**

☐broad; impressive; precise and effective word use and choice; extensive use of words studied — **25**

Language

☐one or more errors in use and form of the grammar presented in lesson; frequent errors in subject/verb agreement; non-Spanish sentence structure; erroneous use of language makes the work mostly incomprehensible; no evidence of having edited the work for language; or not enough to evaluate — **13**

☐no errors in the grammar presented in lesson; some errors in subject/verb agreement; some errors in adjective/noun agreement; erroneous use of language often impedes comprehensibility; work was poorly edited for language — **15**

☐no errors in the grammar presented in lesson; occasional errors in subject/verb or adjective/noun agreement; erroneous use of language does not impede comprehensibility; some editing for language evident but not complete — **17**

☐no errors in the grammar presented in lesson; very few errors in subject/verb or adjective/noun agreement; work was well edited for language — **20**

Total points _____ **/100**

267

Rough Draft Critique

This sheet must be turned in with final version

Name: _____

The final version of the composition is due _____ / _____ / _____, in class.

Correct the following:

❐   Missing an introduction   ❐   Too short
❐   Missing a conclusion   ❐   Too long
❐   Missing a topic sentence   ❐   Formatted wrong

❐   Develop/ improve/ increase your argument(s) in paragraph(s) _____ .

❐   Choppy, disjointed style in paragraph(s) _____ .
❐   Add some personal anecdotal or firsthand information to liven up the essay.
❐   Rough transitions. Work on beginnings and ends of paragraphs so they flow better.
❐   Introduction/ Conclusion is short and choppy. Please expand and develop the ideas more in the indicated section.
❐   Too little detail overall in supporting arguments. Add detailed information.

Other improvements to make:

Strengths of your rough draft:

Please review your paper for other organizational and content weaknesses that you can strengthen on your own!

Redacción de composiciones

Autor(a): _____   Editor(a): _____

1. ¿Hay un párrafo de introducción?   Sí ____   No ____
2. ¿Hay una conclusión?   Sí ____   No ____

3. Identifica y escribe la declaración de tesis (¡debe estar en la introducción!)

_____

_____

4. Identifica y escribe la primera frase del "nudo" o "desarrollo" (*body*)

_____

_____

5. Revisa la composición de nuevo. Busca si hay errores de concordancia entre sujeto/verbo. ¿Encontraste algún error? Escríbelos en la columna A y corrígelos en la columna B:

A	B
_____	_____
_____	_____
_____	_____

6. Busca ahora si hay errores de concordancia entre sustantivo/adjetivo. ¿Encontraste algún error? Escríbelos en la columna A y corrígelos en la columna B:

A	B
_____	_____
_____	_____
_____	_____

7. Busca si hay errores de ortografía. ¿Encontraste algún error? Escríbelos en la columna A y corrígelos en la columna B:

A	B
_____	_____
_____	_____
_____	_____

8. Piensa en lo positivo de la composición, algo que te impresionó. Escribe tus comentarios. ¡Gracias!

_____

_____

_____

EVALUATION CRITERIA FOR COMPOSITIONS

Content (Information Conveyed)   **Points**

❑minimal information; information lacks substance (is superficial); inappropriate
or irrelevant information; or not enough information to evaluate   **19**
❑limited information; ideas present but not developed; lack of supporting detail
or evidence   **22**
❑adequate information; some development of ideas; some ideas lack supporting
detail or evidence   **25**
❑very complete information; no more can be said; thorough; relevant; on target   **30**

Organization

❑series of separate sentences with no transitions; disconnected ideas; no apparent
order to the content; or not enough to evaluate   **16**
❑limited order to the content; lacks logical sequencing of ideas; ineffective ordering;
very choppy; disjointed   **18**
❑an apparent order to the content is intended; somewhat choppy; loosely organized
but main points do stand out although sequencing of ideas is not complete   **22**
❑logically and effectively ordered; main points and details are connected; fluent;
not choppy whatsoever   **25**

Vocabulary

❑inadequate; repetitive; incorrect use or non-use of words studied; literal translations; abundance of invented words; or not enough to evaluate   **16**
❑erroneous word use or choice leads to confused or obscured meaning; some
literal translations and invented words; limited use of words studied   **18**
❑adequate but not impressive; some erroneous word usage or choice, but
meaning is not confused or obscured; some use of words studied   **22**
❑broad; impressive; precise and effective word use and choice; extensive use of
words studied   **25**

Language

❑one or more errors in use and form of the grammar presented in lesson; frequent
errors in subject/verb agreement; non-Spanish sentence structure; erroneous use
of language makes the work mostly incomprehensible; no evidence of having
edited the work for language; or not enough to evaluate   **13**
❑no errors in the grammar presented in lesson; some errors in subject/verb agreement;
some errors in adjective/noun agreement; erroneous use of language often impedes
comprehensibility; work was poorly edited for language   **15**
❑no errors in the grammar presented in lesson; occasional errors in subject/verb or
adjective/noun agreement; erroneous use of language does not impede comprehensibility;
some editing for language evident but not complete   **17**
❑no errors in the grammar presented in lesson; very few errors in subject/verb or
adjective/noun agreement; work was well edited for language   **20**

Total points _____**/100**

Películas

"Mi familia"

Para pensar

¿Cómo te imaginas la vida de una familia de origen latino en Los Estados Unidos? ¿Cómo son sus miembros? ¿Qué hacen? ¿Qué tipo de problemas tienen?

Información general de la película

Nombre: _____

País de origen: _____

Director: _____

Actores principales: _____

_____

_____

¡Trabajemos con los personajes!

Nombres y árbol familiar de los personajes principales

Los personajes principales

1. a) Nombre, relación familiar, edad aproximada, trabajo o profesión, características físicas y personalidad.

    _____

    _____

    _____

    _____

    b) ¿Qué cosas hizo o qué cosas le pasaron a este personaje en la película? Mencione por lo menos tres cosas. (Use el pretérito o el imperfecto.)

    _____

    _____

    _____

    _____

2. a) Nombre, relación familiar, edad aproximada, trabajo o profesión, características físicas y personalidad.

    _____

    _____

    _____

    _____

    b) ¿Qué cosas hizo o qué cosas le pasaron a este personaje en la película? Mencione por lo menos tres cosas. (Use el pretérito o el imperfecto.)

    _____

    _____

    _____

    _____

¡Trabajemos con el tema!

1. En una oración, ¿cuál es el tema central de la película?

    _____

    _____

    _____

2. Menciona dos temas secundarios de la película.

    a) _____

        _____

    b) _____

        _____

3. Desarrolla tu respuesta a la pregunta número uno.

    _____

    _____

    _____

    _____

    _____

    _____

4. Desarrolla **uno** de los temas secundarios que mencionaste en la respuesta número dos.

    _____

    _____

    _____

    _____

    _____

La película y mi experiencia

1. ¿Qué opinas de la película? ¿Te gustó? ¿Por qué sí o por qué no?

    _____

    _____

    _____

    _____

    _____

2. ¿Cómo se comparan las relaciones familiares de los personajes de esta película con las relaciones en tu familia?

    _____

    _____

    _____

    _____

    _____

3. ¿Cómo se compara la imagen de la familia de origen latino en Los Estados Unidos representada en la película con la imagen que tú tenías antes de verla?

    _____

    _____

    _____

    _____

    _____

"Como agua para chocolate"

Para pensar

¿Tiene la comida algún significado especial para ti o para tu familia? ¿Has tenido alguna experiencia especial con algún tipo de comida o de ingrediente?

¿Qué libros conoces que también son películas? ¿Qué tipo de libros son? ¿Cómo los clasificas según los estilos literarios?

Información general de la película

Nombre: _____

País de origen: _____

Director: _____

Actores principales: _____

_____

_____

¡Trabajemos con los personajes!

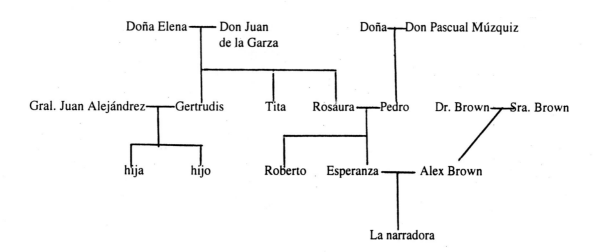

1.   ¿Qué relación tiene la narradora del cuento con el doctor Brown? ¿Con doña Elena y don Juan?

_____

_____

2.   ¿Cómo se llaman los abuelos de Esperanza?

_____

3.   ¿Qué relación tiene el General Alejándrez con Gertrudis de la Garza? ¿Tiene hijos?

_____

_____

4.   ¿Qué relación tiene Rosaura con Pedro Múzquiz? Qué relación tiene Pedro con Tita y Gertrudis?

_____

_____

5.   ¿Es Rosaura nieta de don Pascual Múzquiz? ¿Quiénes son sus nietos? ¿Tiene bisnietos?

_____

_____

6.   ¿Tiene primos carnales Esperanza? ¿Cómo se llaman los padres de sus primos?

_____

_____

Los personajes principales

1.   Describa la personalidad de dos de los personajes y dé ejemplos de las acciones que demuestran su carácter.

a) _____

_____

_____

b) _____

_____

_____

2.   Describa la relación entre dos personajes y explique por qué su relación es así.

_____

_____

3.   ¿Qué personaje te gustó más? ¿Cómo se llama? ¿Cómo es? ¿Por qué te gustó tanto?

_____

_____

_____

_____

_____

4.   ¿Qué personaje no te cae bien? ¿Por qué?

_____

_____

_____

_____

_____

¡Trabajemos con el tema!

1.   ¿Qué alimentos aparecen en la película? ¿Cuál es el plato más interesante que vieron en la película? ¿Qué ingredientes tenía? ¿Cuáles fueron los efectos al comerlo?

_____

_____

_____

_____

_____

2.　¿Qué ideas tienes sobre la función de la comida en esta historia?

_____

_____

_____

La película y mi experiencia

1.　¿Qué opinas de la película? ¿Te gustó? ¿Por qué sí o por qué no?

_____

_____

_____

_____

2.　¿Cuál es el significado del título *Como agua para chocolate*?

_____

_____

_____

_____

3.　Con base en la película y según los estilos literarios, ¿cómo clasificas el libro *Como agua para chocolate*?

_____

_____

_____

_____

_____

"Mujeres al borde de un ataque de nervios"
Para pensar

¿Cuáles son algunas razones para romper con tu novio/novia? ¿Qué harías para romper con él/ella? ¿Cómo te sentirías si tu novio/novia rompiera contigo? ¿Cómo reaccionarías? ¿Crees que hay una diferencia en la forma en que reaccionamos que depende de si se es mujer u hombre?

¿Qué significa para ti *pop culture*? ¿Hay películas que representan esta cultura en los Estados Unidos? ¿Son controversiales o no?

Información general de la película

Nombre: _____

País de origen: _____

Director: _____

Actores principales: _____

_____

_____

¡Trabajemos con los personajes!

Aquí tienes una lista incompleta de los personajes de la película. ¿Puedes completarla?

Los hombres	Las mujeres
1. _____	1. _____
Carlos	Lucía
El taxista	Candela
	4. _____

Los personajes principales

1. Escoge a dos personajes de la película y describe cómo es su personalidad, cómo expresan sus sentimientos y qué estilo de ropa usan. ¿Refleja su estilo de vestir su personalidad? ¿Por qué sí o por qué no?

a) _____

_____

_____

_____

b) _____

_____

_____

_____

_____

2. Si pudieras entrevistar a uno/a de los personajes, ¿a cuál escogerías? ¿Qué preguntas le harías? Escribe el nombre del personaje y por lo menos CINCO preguntas que le harías.

_____

_____

_____

_____

_____

_____

¡Trabajemos con el tema!

1. ¿Cuál es el tema central de la película?

_____

_____

_____

2. ¿Cómo ayuda al desarrollo del tema la representación visual de los personajes con la ropa que usan? ¿Ayuda la ropa a reflejar las personalidades?

_____

_____

_____

_____

_____

_____

La película y mi experiencia

1.　¿Qué opinas de la película? ¿Te gustó? ¿Por qué sí o por qué no?

　　_____

　　_____

　　_____

　　_____

　　_____

2.　¿Conoces a alguien que haya tenido una experiencia similar a la de Pepa? ¿Cómo se comparan las reacciones de esta persona con las de Pepa?

　　_____

　　_____

　　_____

　　_____

　　_____

3.　¿Cómo clasificarías a esta película? ¿Crees que es una representación real? ¿Crees que es controversial?

　　_____

　　_____

　　_____

　　_____

　　_____